Constant - Athanase Bopima Moelo Bokoto

Jamais Seul ... Dans le Désert

Constant - Athanase Bopima Moelo Bokoto

Jamais Seul ... Dans le Désert

Témoignages d'une vie de prière dans les circonstances diffiles

Éditions Croix du Salut

Impressum / Mentions légales

Bibliografische Information der Deutschen Nationalbibliothek: Die Deutsche Nationalbibliothek verzeichnet diese Publikation in der Deutschen Nationalbibliografie; detaillierte bibliografische Daten sind im Internet über http://dnb.d-nb.de abrufbar.

Alle in diesem Buch genannten Marken und Produktnamen unterliegen warenzeichen-, marken- oder patentrechtlichem Schutz bzw. sind Warenzeichen oder eingetragene Warenzeichen der jeweiligen Inhaber. Die Wiedergabe von Marken, Produktnamen, Gebrauchsnamen, Handelsnamen, Warenbezeichnungen u.s.w. in diesem Werk berechtigt auch ohne besondere Kennzeichnung nicht zu der Annahme, dass solche Namen im Sinne der Warenzeichen- und Markenschutzgesetzgebung als frei zu betrachten wären und daher von jedermann benutzt werden dürften.

Information bibliographique publiée par la Deutsche Nationalbibliothek: La Deutsche Nationalbibliothek inscrit cette publication à la Deutsche Nationalbibliografie; des données bibliographiques détaillées sont disponibles sur internet à l'adresse http://dnb.d-nb.de.

Toutes marques et noms de produits mentionnés dans ce livre demeurent sous la protection des marques, des marques déposées et des brevets, et sont des marques ou des marques déposées de leurs détenteurs respectifs. L'utilisation des marques, noms de produits, noms communs, noms commerciaux, descriptions de produits, etc, même sans qu'ils soient mentionnés de façon particulière dans ce livre ne signifie en aucune façon que ces noms peuvent être utilisés sans restriction à l'égard de la législation pour la protection des marques et des marques déposées et pourraient donc être utilisés par quiconque.

Coverbild / Photo de couverture: www.ingimage.com

Verlag / Editeur:
Éditions Croix du Salut
ist ein Imprint der / est une marque déposée de
AV Akademikerverlag GmbH & Co. KG
Heinrich-Böcking-Str. 6-8, 66121 Saarbrücken, Deutschland / Allemagne
Email: info@editions-croix.com

Herstellung: siehe letzte Seite /
Impression: voir la dernière page
ISBN: 978-3-8416-9870-4

Copyright / Droit d'auteur © 2013 AV Akademikerverlag GmbH & Co. KG
Alle Rechte vorbehalten. / Tous droits réservés. Saarbrücken 2013

Jamais seul…

dans le désert

PREFACE

Mon Dieu, mon Dieu, Pourquoi m'as-tu abandonné ?

Que de fois n'avons-nous entendu ce cri révoltant de la part des chrétiens en proie aux difficultés et aux souffrances diverses de notre monde ? Cependant, sans prétendre accuser Dieu comme l'auteur des malheurs qui s'abattent sur leur pauvre et misérable existence, ce cri révèle avec force détail le malaise qui s'installe dans le cœur de ceux qui croient en un Dieu, dont ils savent fort et compatissant, omniscient et omnipotent, mais qui « semble » demeurer silencieux devant la misère et la souffrance de ceux qui prétendent le servir fidèlement. Les croyants, par ce cri culpabilisent et protestent. Ils protestent contre le silence d'un Dieu de la Bible, qui a sauvé Israël, et dont on dit qu'il a défendu les faibles. Ils se considèrent être aux prises avec un grand tourbillon, qui les engloutit et les emporte. En face d'un monde, qui ne cesse de s'éloigner de Dieu, ils constituent en victimes offertes sur l'autel d'une religion qui perd ses forces. De plus, ils se disent être humiliés et pointés du doigt comme des misérables étourdis, abusés par des illusions infondées. Aussi fort que cela puisse paraitre, hier comme aujourd'hui, les croyants se laissent dominer par un sentiment d'abandon. Abandon qu'ils croient être de la part de Dieu, abandon qu'ils croient être de la part de leur communauté de foi, qui semble être incapable de leur donner une parole consolatrice et dynamique, capable de réveiller leur espérance. Triste réalité, qui nous rappelle nos nombreuses fragilités, dirions-nous, mais une réalité quand même, qui nous place au cœur de véritables questions que nous pose la foi en Dieu aujourd'hui.

Ce cri de désespoir, de révolte, mais aussi de confiance, relance la douloureuse et difficile question du silence de Dieu devant la souffrance du croyant. Pourquoi laisse-t-il son juste souffrir ?

Pourquoi, Pourquoi ? Cette interrogation n'est pas rare dans la Bible, surtout dans l'Ancien Testament. De tout temps, des « pourquoi » ont été catapultés à l'endroit de YHWH. Ces « pourquoi » sont aussi vieux que la foi elle-même, et ils se retrouvent de façon stéréotypée, dans les psaumes de supplications surtout. Pourquoi YHWH se tient-il au loin ? Pourquoi se cache-t-il au temps de la détresse ? (Ps 10,1). Pourquoi cache-t-il son visage ? Pourquoi oublie-t-il notre misère, notre oppression (Ps 44), Pourquoi nous oublie-t-il ? La foi d'Israël n'avait pas de réponse à tout, elle acceptait difficilement un sort inexplicable. Ce « pourquoi » est sans doute le signe d'une crise sérieuse, mais aussi la nécessité d'impliquer Dieu dans notre quête du salut.

En effet, il vaut mieux souffrir avec Dieu que sans Dieu. Le Christ ne nous dit-il pas « venez à moi vous tous qui souffrez, et moi je vous procurerai le repos » (Mt 11,28). Une parole réconfortante qui ne dissimule nullement la dure et éprouvante réalité de la vie, mais qui l'assume dans une foi adulte. Ceci est d'autant plus vrai que, poser la question de la souffrance à Dieu, c'est finalement l'associer, comme un ami très proche, au quotidien de notre existence.

Dans ce sens, le témoignage de l'auteur propose un réel et véritable retournement des choses. Il n'accuse pas Dieu de l'avoir abandonné, bien au contraire en posant à Dieu la question de sa souffrance, il la vit comme une réalité liée à notre existence. En acceptant sa situation de prisonnier, il vit sa douloureuse souffrance, comme une grâce. La grâce de vivre un vrai bonheur, de partager sa foi avec ses frères. Vivre ainsi, fait perdre à la souffrance toute sa teneur. La foi devient une force qui permet d'une part d'assumer la souffrance comme une épreuve à surmonter, et d'autre part, de comprendre la souffrance comme une occasion pour vivre intensément sa foi.

Dans la simplicité de son style, ce témoignage est d'allure percutante. Il se donne à lire comme un récit des faits courants que nous traversons et connaissons tous. A la seule différence, qu'il nous relate des faits vécus au niveau personnel et compris à la lumière de la foi. Il nous édifie comme une « bonne nouvelle » de ce que Dieu a fait pour lui. Il se propose comme une autre manière de prêcher la Bonne nouvelle de Jésus. L'évangile à proclamer aujourd'hui est d'ailleurs, celui de notre témoignage de la vie que nous avons avec Dieu. Une foi adulte est celle qui pousse à inventer des comportements nouveaux. L'auteur nous donne là son Evangile, entendez sa « bonne nouvelle » de ce que le Christ a fait pour lui.

C'est un réel plaisir pour moi de préfacer le livre d'un Frère et d'un ami. C'est un hommage Vibrant à une indéfectible amitié, qui se fonde sur des valeurs sûres que nous partageons dans le Christ Jésus. En vous en recommandant la lecture, je souhaite de trouver dans nos nombreuses souffrances, une parole réconfortante qui réveille notre espérance.

Abbé Robert Abelava

A Emmanuel, mon frère,
En hommage à ta fraternelle patience,
Et ton précieux silence.

A la mesure sans mesure
De ton immensité,
Tu nous manques, Seigneur.
Dans le tréfonds de notre cœur
Ta place reste marquée
Comme un grand vide, une blessure.

A l'infini de ta présence
Le monde est allusion,
Car tes mains l'ont formé.
Mais il gémit, en exilé,
Il crie sa désolation
De n'éprouver que ton silence.

Dans le tourment de ton absence,
C'est toi déjà, Seigneur,
Qui nous a rencontrés.
Tu n'es jamais un étranger,
Mais l'hôte plus intérieur
Qui se révèle en transparence.

Cachés au creux de ton mystère,
Nous te reconnaissons
Sans jamais te saisir.
Le pauvre seul peut t'accueillir,
D'un cœur brûlé d'attention,
Les yeux tournés vers ta lumière.

M51

Titre 1

> *« Ô abîme de la richesse, de la sagesse et de la science de Dieu !*
> *Que ses décrets sont insondables et ses voies incompréhensibles !»*
> (Romains 11, 33)

- « Ceux dont les noms seront cités tout à l'heure feront leurs bagages ! Ils seront conduits à la cour centrale où un véhicule les attend pour un long voyage, dont la destination ne leur sera révélée qu'à l'arrivée ! Il s'agit de : ... »

C'est la voix d'un officier de renseignements qui venait de surgir dans la cellule où nous étions. Je regarde à ma montre, il est quatre heures et trente minutes.

Quelques minutes plus tôt j'étais réveillé par un cauchemar que je venais de faire : la grand-mère de mon épouse, déjà morte, m'est apparue et me demandait « Pourquoi ... a-t-il permis qu'on te fasse ça ? Il aurait pourtant bien pu les en empêcher !» Elle avait cité le nom d'une personne que je n'ai pas pu retenir. Je répondis : « Ne t'en fais pas grand-mère, Dieu seul sait pourquoi». Pendant que nous parlions, la mine de la grand-mère virait de l'exclamation à une grande tristesse alors même qu'elle s'éloignait de plus en plus de moi et, tournant mon regard vers le bas, je vis que le sol se fendait sous mes pieds. La fente grandissait petit-à-petit, démantibulant mes jambes et laissant entrevoir un vide béant en dessous de moi. Je frissonnais d'angoisse ! Et pendant que la silhouette de la grand-mère disparaissait de ma vue, je vis un gros, très gros oiseau, un aigle, descendre, me saisir par la hanche et s'envoler avec moi. Je criais d'une voix forte : « César ! César ! Apporte-moi un couteau ! ». (César est le nom d'un de mes enfants). Mais l'oiseau volait des plus belles et continuait son allure jusqu'à ce qu'à un moment, mon regard tourné vers le bas, je vis un grand bâtiment isolé, en vieille peinture jaunâtre, au milieu d'une savane boisée asséchée par le vent sec de la saison. A côté du bâtiment se tenait un autre oiseau du même genre que celui qui me transportait, plus petit de taille cependant, qui nous regardait descendre vers lui. Je pense qu'en ce moment précis, je poussais des hurlements ; car excédé par la peur, je sursautai de mon sommeil et entendis du coup des voix murmurer dans la salle : « Il fait un cauchemar... ».

J'ai eu tout de suite envie de me soulager, et je venais à peine de rentrer de la toilette que j'entendis les cliquetis des chaînes et cadenas de la grille du cachot où nous nous trouvions, un bâtiment connexe à la concession GLM[1] situé à l'encoignure des avenues de l'Ouganda et des Cliniques, juste en face de l'ancienne résidence des premiers ministres, gardée alors comme une des résidences officielles du Président de la République.

Depuis quelques jours, des bruits couraient dans le cachot qu'on s'apprêtait à expédier certains détenus à la prison de Buluwo[2] au Katanga. Depuis, ceux qui en savaient quelque chose ne tarissaient de commentaires. Certains disaient qu'en 1961, Lumumba et ses compagnons d'infortune seraient passés par là avant de subir le sort leur infligé par leurs bourreaux. D'autres ajoutaient qu'avant eux, le prophète Simon Kimbangu y avait passé le reste de sa vie. On disait que c'est une prison sous-terraine où aucune visite n'est jamais permise ; elle n'est réservée qu'aux condamnés à mort ou à perpétuité. En décembre 1997, affirmait un détenu, un groupe d'officiers ex FAZ arrêtés au camp de concentration de Kitona y avaient été transférés, et certains étaient déjà déclarés morts. Mais moi, j'avais reçu l'assurance de certains de nos geôliers (qui étaient finalement devenus des amis) que mon groupe et moi n'allions pas être concernés par ce transfert. On disait que c'était plus les officiers de l'ancienne Division Spéciale Présidentielle (DSP) arrêtés pendant les préparatifs du premier anniversaire de la prise du pouvoir du nouveau régime (le 17 mai) qui étaient visés par la mesure.

C'est ainsi que, compatissant avec le Lieutenant John, un ancien de la DSP très consterné de se pressentir parmi les concernés, je m'étais approché de lui la veille, dans l'après-midi du jeudi 21 mai 1998, pour l'exhorter. Après l'avoir invité à lire avec moi le Psaume 22, je me mis à commenter ce texte pour lui, l'encourageant [avec beaucoup de peine] à remettre son sort à l'Eternel notre Dieu.

---

(1) **GLM** : abréviation de Groupe Litho Moboti, du nom de l'entreprise propriétaire de la concession, dépossédée par le nouveau pouvoir et occupée par la nouvelle unité militaire chargée de la sécurité présidentielle.
(2) **Buluwo** : nom d'une localité située à six kilomètres de la ville de Likasi au Katanga, où se trouve cette prison de haute sécurité

Il s'est avéré cependant, que dans la soirée du même jeudi, les geôliers 'sympathiques' étaient tous mis au cachot, dans une cellule voisine à celle où nous nous trouvions, à la suite d'une brouille qui serait survenue entre eux et leur chef, le Commandant Etienne, au sujet de l'opportunité de ce transfert de détenus et surtout sur ceux qui méritaient effectivement ce transfert. Ils étaient donc là, ce matin-là, ces pauvres amis, en taule comme nous, écoutant attentivement leur collègue passer le message :

- Frondeur, Djo-Djo, Thaddée, Caillou, Athanase, Paul et Denis. Mettez-vous debout et suivez-nous !

Nous étions donc sept, extraits de cette cellule, pour le long voyage vers l'inconnu.

On nous fit sortir de la cellule vers la cour centrale, devant le grand immeuble GLM. D'autres détenus pris du grand immeuble nous y avaient précédés. Un grand véhicule de transport des troupes y était parqué et attendait.

- Asseyez-vous par terre ! ordonna un officier.
- Enlevez vos chemises et bandez-vous correctement le visage si vous ne voulez pas que nous le fassions à votre place !

On nous fit ligoter les deux mains par derrière, à l'aide d'une seule et longue corde qui nous liait tous ensemble. Les soldats nous aidèrent à monter dans le camion et, nous voilà partis.

J'essayais de m'imaginer le chemin que nous prenions et je crois que je ne me trompais pas. De l'esplanade du GLM, le camion prit l'Avenue de l'Ouganda jusqu'au rond-point SOCIMAT[3] sur le boulevard du 30 Juin d'où il s'engagea vers la ville. Quelque part au centre-ville, il entra à droite, puis à gauche, avant de s'arrêter. Je reconnus la voix du Commandant Etienne qui interrogeait l'officier convoyeur en swahili.

---

(3) **SOCIMAT** : entreprise de commercialisation et entretien de véhicules principalement de marque Mercedes.

- Sont-ils tous là ?

Le convoyeur acquiesça et le Commandant Etienne lui remit les documents de transmission à l'attention de l'officier responsable de destination.

Le camion se remit en route. J'imaginai que nous devrions être aux environs de KIN MAZIERE[4] (et c'est vrai!). Il s'engagea sur l'Avenue Tombal baye et puis, un léger virage à droite et je me dis que nous prenions l'Avenue du Flambeau. J'en ai eu la confirmation quand, enfin, j'entendis un soldat crier au conducteur à partir de la carrosserie où nous étions :

- Prends ta gauche ! prends ta gauche ! plus loin, cette route n'est pas bonne !

C'est vrai qu'à l'époque, l'Avenue du Flambeau, à la hauteur de BRALIMA[5], était complètement abîmée. Je reconnus ensuite par l'assourdissement du moteur, que nous étions sous le pont route-rail qui longe la Route des Poids Lourds au-dessus de la bretelle reliant l'Avenue du Flambeau à la Route des Poids Lourds. J'eus alors une conviction : nous nous dirigions vers l'aéroport de Ndjili.

Il faisait très froid en ce matin du 22 mai 1998. Un doux vent balayait l'aérogare, nous arrosant presque de la rosée qui jonchait la vaste vallée de la Ndjili[6].

On nous fit asseoir sur le tarmac, apparemment au pied de l'avion que nous devrions prendre. J'entendais les commentaires des soldats chargés de la sécurité de l'aéroport sur certains militaires qu'ils reconnaissaient parmi nous et sur la mauvaise procédure suivie par le Commandant Etienne dans notre déportation.

---

(4) **KIN MAZIERE** : complexe commercial situé au centre-ville de Kinshasa.
(5) **BRALIMA** : société brassicole.
(6) **Ndjili** : nom de la rivière qui donne son nom à une des communes urbaines proches de et à l'aéroport international de Kinshasa

- Pourquoi ne nous a-t-il pas prévenus depuis hier pour que nous prenions les dispositions nécessaires ? disait l'un d'eux.

- Et maintenant, quel est l'appareil qui va les emmener ? s'inquiétait un autre.

- Ah ! Frondeur. Tu n'as donc pas arrêté ces manœuvres que tu as commencées depuis Goma ?

- Ramsès ! Ramsès ! Ce type est le plus dangereux de tous. Il faut qu'il soit bien surveillé.

On nous conduisit dans un local de l'aérogare où nous restâmes quelques temps avant de nous faire monter finalement dans l'avion, les yeux toujours bandés.

On nous fit asseoir sur des sacs de riz. C'était un avion-cargo, un Antonov 12 qui transportait des vivres à la Base Militaire de Kamina au Katanga, et dont on a prolongé le voyage jusqu'à Lubumbashi pour nous déposer.

Après que l'avion eut décollé, une discussion s'engagea entre les militaires qui nous escortaient. Les uns disaient que nous devrions rester les yeux bandés jusqu'à destination, d'autres protestaient et exigeaient le contraire. Soudain, l'un d'eux se leva et se mit à nous enlever nos chemises du visage.

- Ils sont des hommes comme nous, disait-il, qu'ont-ils fait de si grave pour mériter tout ceci ? ... et les autres se tenaient coi.

Le visage découvert, je revis mes amis, ... et les larmes me coulèrent des yeux. Mes regards croisèrent ceux de Denis qui me fit des signes d'encouragement. Inutile ! Les larmes coulaient davantage.

Je pensais à beaucoup de choses à la fois :

- Pourquoi Dieu a-t-il permis qu'on en arrive jusque-là ?
- Où allions-nous véritablement et quel sort nous attendait ? Est-ce la mort ? Est-ce la prison ? Et pour quelle durée ?

Je pensais à mes enfants encore tout jeunes, au bébé qui venait de naître dont je ne pourrais vivre la croissance et qui risquait de ne jamais voir son père. Je pensais à mon épouse qui ne s'était pas encore remise du traumatisme de l'accouchement par césarienne et que je ne créditais d'aucune capacité d'interventions en ma faveur auprès des tiers. Je pensais à mes sœurs qui commençaient à jouir de ma présence sécurisante dans leurs vies. Je pensais aussi à la lourde responsabilité que je porterais, même mort moi aussi, sur la mort de ceux qui avaient été arrêtés avec et à cause de moi...

Très vite, ces émotions se dissipèrent lorsque, balayant la carlingue du regard, mes yeux fixèrent un homme qui avait le visage et les bras pleins de plaies et de cicatrices. Lui aussi me regarda et dit en français :

- Courage les gars ! Nous arriverons bien portants à destination ! Il se présenta,
- Je m'appelle Ramsès, Major Ramsès. Puis, il me posa la question,
- Et vous, où avez-vous été arrêtés ? En Europe ?

Plus tard, il m'expliquera qu'il s'étonnait de la bonne mine que nous présentions, nous qui étions sortis d'une autre cellule que la leur, alors que eux puaient et saignaient de partout.

En effet, Ramsès faisait partie du groupe de six éléments ex DSP arrêtés à Kinshasa pendant les préparatifs de la célébration du premier anniversaire du nouveau pouvoir le 17 mai 1998 dont quatre étaient du voyage. Ils étaient gardés dans un appartement du premier niveau de l'immeuble GLM pendant que nous occupions l'annexe. On les accusait d'avoir planifié, avec le concours des anciens généraux Nzimbi et Baramoto, le sabotage de cette fête.

Avec Ramsès, il y avait le Colonel Moses alias Pronto, l'Adjudant Otis alias Alpha 5 et l'Adjudant Kissi, ainsi que le Lieutenant John qui était finalement le seul à ne pas faire partie du voyage.

J'avais appris pendant notre séjour au GLM que la nouvelle armée avait grandement peur de Ramsès. Il avait la réputation d'un anti-terroriste chevronné et inégalé, capable de tout démolir en un rien de temps. Raison pour laquelle on lui fit subir des tortures inimaginables. Il en porte des traces jusqu'à ce jour.

Après quelques heures de vol, l'avion atterrit sur une piste. C'était l'aérodrome de Kamina Base. On y déchargea des sacs de riz. Nous en profitâmes pour nous soulager. Et l'avion se remit dans l'air.

Quelques minutes plus tard, on amorçait l'atterrissage. A l'unanimité, le peloton qui nous escortait nous intima l'ordre de nous bander les visages de nouveau, si bien que je ne pus voir ni l'aéroport, ni la ville de Lubumbashi dont la contemplation m'aurait procuré un peu de consolation.

On nous embarqua dans un gros véhicule militaire qui fit escale dans une station-service pour se ravitailler en carburant et continua son chemin.

En route, j'ai pu comprendre ce qu'un officier à bord du véhicule expliquait au talkie-walkie à un de ses supérieurs :

- j'escorte le colis jusqu'à bravo lima whisky …

Bravo, Lima, Whisky, me disais-je, ne veut-ce pas dire BU-LU-WO ?

Quelques heures plus tard, le camion s'immobilisa après certaines manœuvres de parking, puis une voix ordonna en swahili:

- Débandez vos visages et descendez un à un !

Lorsque j'ouvris les yeux un peu plus tard, je constatai que j'étais resté seul au fond de la carrosserie. Tous les autres amis étaient déjà au-delà du mur en face de moi.

Il était dix-huit heures et trente minutes, et les projecteurs de la cour extérieure éclairaient convenablement toute la vue des alentours. La haute muraille de l'enclos était peinte en jaune mi vif, mi cassé. A quelques pas à ma droite, j'apercevais une maisonnette de même couleur, sans clôture, à laquelle s'adjoignait une petite dépendance. Le tout paraissait isolé, enfoui dans une broussaille grisâtre, au rythme de la saison sèche subéquatoriale.

On me fit passer la barrière à la hâte. Je me retrouvai ensuite au sein d'une vaste cour intérieure qui, à ma gauche et au fond, était jonchée de vieilles maisons sans portes ni fenêtres et aux toits vraisemblablement rongés par le temps. Puis, on me fit tourner à droite. Devant moi, une grille noire. En compagnie d'un homme en civil qui m'y attendait, j'escaladai les marches menant à la grille que je franchis, et me voilà dans une autre cour, qui ressemblait plutôt à une forteresse.

En forme de rectangle fermé, cette cour drôlement déserte était bordée de hautes bâtisses de même couleur que les murs extérieurs d'où je voyais, curieux en marchant, des portes métalliques hermétiquement fermées. Au milieu de la cour se trouvait un autre grand bâtiment de même forme, qui laissait longer des couloirs à ses côtés, en face des cellules vers lesquelles on me dirigeait.

- « Monsieur, voici ta cellule, me souffla l'homme qui m'accompagnait, et je pus lire que « ma » cellule portait le numéro 22. »
- « Quelle coïncidence, murmurai-je ! Nous sommes le 22 mai et ma cellule porte le numéro 22. Qu'est-ce que cela veut bien signifier ? »

Me faisant entrer, l'homme me parla en un lingala[7] qui ne pouvait cacher sa province d'origine :

- « Je vois que tu as un bagage assez lourd. Si tu as dedans quelques biens de valeur, tu ferais mieux de me les remettre pour que je les garde car, après moi passeront des militaires de garde qui risquent de tout te ravir. »

---

(7) **Lingala** : langue vernaculaire de la Province de l'Equateur (RD Congo) répandue à travers tout le pays.

Sans réfléchir ni hésiter, je lui remis ma montre-bracelet, mon collier, mon stylo et ma petite radio de poche. L'homme referma la porte derrière lui et s'en alla.

Je promenai mon regard dans cette cellule toute obscure presque sans rien voir sinon ce plancher en bois d'environ deux mètres de longueur et plus ou moins un mètre et demi de largeur qui devait me servir de lit, sans matelas ni couverture, dans ce froid sec et âpre de la province du Katanga.

Je sortis de mon sac un drap de lit avec lequel je recouvris le plancher, puis un autre pour me couvrir le corps et, après une courte prière, je m'allongeai.

Mes pensées se tournèrent immédiatement vers ce grand homme en civil qui m'avait accompagné jusqu'à ma cellule. Ses phrases en lingala venaient et me revenaient à l'esprit et je me posais la question de savoir pourquoi un si bel homme, grand et fort, pouvait quitter sa province de l'Equateur pour venir s'embaucher seulement comme pauvre surveillant de prison à des milliers de kilomètres !

Oui, car il m'a paru très beau ! Il était grand et d'un teint naturellement clair. Il avait l'air intellectuel. Mais il portait de vieilles babouches en caoutchouc, déchiquetées et de couleurs différentes à chaque pied, un vieux pantalon de type « jogging » en lambeaux, coupé en désordre au niveau des mollets, un polo blanc usé, troué partout, et il avait autour du cou un vieux chapelet visiblement incomplet.

Je ne pouvais vraiment pas imaginer qu'un homme aussi normal acceptât de vivre dans des conditions aussi misérables alors que même paysan chez lui, il serait de loin plus présentable... Le sommeil s'accapara de moi par la suite, et je dormis profondément.

Le lendemain matin, vers huit heures, la même personne vint m'ouvrir la porte. Il se présenta :

- « Je suis le colonel Simon. C'est moi le capita général[8] de cette prison. Tes amis

---

(8) **Capita général** : désignation faite généralement à des chefs d'équipes de travail et particulièrement dans les prisons.

que je viens d'ouvrir m'ont dit que tu es un frère. Nous sommes contents de vous accueillir ici car vous allez sûrement nous donner des nouvelles de Kinshasa que nous n'avons plus eues depuis cinq mois. Nous autres, sommes là depuis la nuit du 24 décembre 1997... Voilà, tu peux sortir pour te soulager et rentrer vite dans ta cellule car, selon les instructions, vous devez rester enfermés pendant au moins une semaine. »

Je sortis en effet pour me soulager, et j'en profitai naturellement pour jeter un regard sur les environs et les autres compagnons. C'était pitoyable !

Vers quinze heures, la porte de ma cellule rouvrit.

- « C'est l'heure du repas, mon frère, » me dit tendrement le colonel Simon. « Tu peux rejoindre les autres dans la salle, à l'entrée du grand bâtiment. »
Je me dirigeai vers le réfectoire où tous les détenus étaient assemblés pour le repas, l'unique repas du jour.

J'y ai appris qu'avant nous, seize officiers ex FAZ (colonels, majors, capitaines, lieutenants et adjudants) avaient été emmenés du camp de concentration de Kitona[9] dans la province du Bas Congo en passant par différents cachots de Kinshasa dont celui de la DEMIAP[10] et de la Cité de l'OUA[11] pour atterrir à Buluwo dans la nuit du 24 au 25 décembre 1997. Ces officiers nous contèrent, chacun selon ses talents, les péripéties de leur calvaire avec comme épilogue le décès d'un des leurs, le colonel Lukombo, dans la nuit du 25 décembre 1997 dans sa cellule de Buluwo.

Visiblement, tous ces hommes avaient le corps complètement ruiné par la misère. J'avais sincèrement de la peine à croire et à me représenter ce que ces gens étaient pendant leur vie active.

---

(9) **Kitona** : base et centre d'instruction militaire situé dans la Province du Bas-Congo où furent rassemblés tous les militaires du temps de Mobutu à la prise de pouvoir par Laurent Désiré Kabila.
(10) **DEMIAP** : état-major du renseignement militaire sous le régime Kabila
(11) **Cité de l'OUA** : quartier résidentiel et administratif de la présidence de la République à Kinshasa.

L'un d'eux se présenta à moi : « Colonel Baudouin». Incroyable ! Il avait le visage couvert d'une barbe grisâtre. Il était pieds nus et comme vêtements, il avait une toute petite culotte aux couleurs à confondre avec la couche de terre qui la recouvrait, et un polo quelque peu acceptable quand même. Sa peau ressemblait plus aux écailles brunes d'un boa qu'à une véritable peau humaine. Il me dit que nous avions pratiquement le même âge mais je ne pouvais le croire. L'apparence de son visage ne pouvait lui donner moins de cinquante ans !

Le Colonel Baudouin me montra successivement du doigt les autres officiers ayant le même grade que lui. L'un d'eux s'appelait Marien. C'est un ancien de la DSP comme lui. Mes yeux furent très apitoyés par l'indescriptible polo jaune qu'il avait sur lui. Tu ne peux trouver meilleure description d'un vêtement en lambeaux à la vue de ce polo. Cet habit semblait avoir été taillé à la lame, ligne après ligne. Et l'énigme qui hantait mon esprit était d'imaginer la gymnastique par laquelle il était obligé de passer pour arriver à se l'ajuster sur les épaules. J'en ai eu tellement mal que le lendemain, je lui remis un des trois maillots de corps que j'avais eu la grâce d'avoir avec moi au jour de notre déportation. Mais ma peine n'a pas été moindre de constater plus tard, que c'est seulement ce maillot de corps, un singlet de type aéré, que le Colonel Marien trouvait de mieux à mettre à l'heure du culte du dimanche.

Pendant ce temps, on distribuait le repas, l'unique repas du jour fait d'une poignée de fretins grillés à l'huile d'arachide, accompagnés d'une boule de farine de maïs. En tant que nouveaux venus, nous n'avions ni assiette ni gobelet ; on nous servait nos parts sur les sacs de farine vides étalés sur la table. Sans gobelets, nous étions astreints à quémander quelques gouttes d'eau chez les anciens pour étancher notre soif.

Après le repas, tous les anciens étaient curieux d'entendre les nouvelles de Kinshasa. Et il y eut un défilé de chacun d'eux autour de chacun de nous, vérifiant et recoupant les différentes informations recueillies. Ce qui fut à notre avantage ! Car en fait, nous étions supposés rester isolés dans nos cellules toute la première semaine de notre arrivée. Aussi, cela me permit de parler et surtout de découvrir plusieurs d'entre eux, et à me rendre compte des nouvelles réalités qui nous attendaient dans cette prison.

Le soir venu, tous les détenus s'assemblaient autour du feu après la prière du soir conduite par le Pasteur, question de se réchauffer un peu avant le coucher. C'est alors que je découvris un autre colonel, Evariste. Il ressemblait beaucoup par son physique à mon oncle Prosper. Il avait aussi un âge avancé, la soixantaine révolue. C'est un ancien du Service d'Actions et de Renseignements Militaires (SARM) qui y avait évolué depuis l'époque du Bureau 2 de la Gendarmerie Nationale sous le Général BOLOZI, ayant travaillé sous le commandement successif des généraux MAYELE, LONGELO, KOTI et le Colonel BONGAMBO et qui ne se retenait de vanter ses prouesses au sein de ce service spécialisé.

Le soir donc, le Colonel Evariste se déguisait en « Grand Père Raconte »[12] et nous égayait avec des historiettes amusantes, relayé par quiconque d'autres avait semblables blagues ou autres saynètes pour rire.

C'est comme cela que se termina notre première journée dans ce nouveau monde. Il était dix-neuf heures quand le capita général, par des claquements des mains, nous invitait à gagner nos cellules.

Le samedi 23 mai 1998 était la veille de la solennité de l'Ascension du Seigneur. Avant de me coucher, grâce à un morceau de bougie que j'avais demandé avec insistance au capita général, je récitai l'office du soir, qui m'avait marqué par la pertinence de l'hymne poétique introductive :

> Il s'élève de la terre !
> Il retourne vers son Père !
> Auprès de lui tu vivras !
> Si tu crois...

---

(12) **Grand-Père Raconte** : nom d'une ancienne émission de la télévision nationale où un vieux personnage déguisé racontait des historiettes aux enfants

> Il s'en va, mais il demande
> Que l'Esprit, sur toi, descende,
> Qu'il rende forte ta foi !
> Si tu crois...
>
> Il l'a dit : Il te prépare
> Une place dans la gloire !
> Déjà l'amour te reçoit !
> Si tu crois...

Et la fin de la prière laissa place à un long temps de méditation.

C'est vrai que la fraternité de ces officiers trouvés sur place était plus que consolatrice, elle réconfortait. Mais le contraste des conditions d'incarcération ici, par rapport aux « MABUSU »[13] du GLM, ne pouvait me retenir de penser que l'issue la plus probable de ces lieux était la mort. Il fallait donc qu'immédiatement, je me mette à me préparer à toute éventualité : demander à Dieu de me sortir de là le plus tôt possible s'il me voulait vivant, sinon, qu'il accordât à mon âme la grâce de la vie éternelle en m'aidant à bien préparer ma mort.

---

(13) **Mabusu** : terme utilisé en swahili vulgaire pour désigner un cachot

Titre 2

> *« Le Seigneur Fit pour Moi des Merveilles,*
> *Saint est Son Nom ! »*
> (Luc 1, 49)

En ce matin de dimanche, le CG[14] ouvrit les cellules à sept heures. Je l'entendis quelques instants après devant ma porte. Dès qu'il l'ouvrit, il me salua :

- « Bonjour frère Athanase!
- Bonjour C-G ! rétorquai-je.
- Tu as bien dormi ?
- Un peu bien, oui !
- Prépare-toi pour le culte du matin, c'est dimanche aujourd'hui... au fait, ajouta-t-il, il te faut une petite bouteille pour te soulager la nuit. Tout le monde ici en a une étant donné que nous ne sommes pas autorisés de sortir la nuit. Je vais t'en procurer une auprès de l'économe. »

C'est ce dont je me rendis compte. Les détenus dont les cellules étaient à ma gauche défilaient tous devant la mienne, une petite bouteille en plastique en main, remplie d'urine, qu'ils allaient vider au WC artisanal creusé au fond de la cour intérieure. C'était des vidanges d'huile d'arachide de trente-cinq centilitres que l'économe distribuait après usage. Il en donnait deux ou plus à chacun car elles servaient aussi de réservoirs d'eau.

Pour se laver, il n'y avait qu'un vieux seau de plus ou moins dix litres pour vingt-sept détenus. Et déjà, les anciens se le disputaient d'abord pour constituer des réserves d'arrosoirs pour leurs potagers, ensuite pour leur toilette. Car pour avoir de l'eau, il fallait l'autorisation de la garde pour descendre dans le puits situé au-delà de la grille.

- Quelle chance pouvions-nous donc avoir de pouvoir nous laver le corps entier? Telle était ma préoccupation.

---

(14) **CG** : capita général

Dans tous les cas, j'ai dû attendre trente jours pour avoir cette chance.

Malgré tout, on sonna pour le début du culte. Tout le monde s'assembla devant la cellule du Pasteur Fala.

Fala était aumônier protestant. Il avait le grade de Major, commissionné Colonel. Comme les autres, on l'avait emmené du camp de concentration de KITONA, soupçonné comme tout le monde d'avoir été de mèche avec l'ennemi. C'est lui qui conduisait les prières de chaque jour et bien évidemment à la manière de sa religion. Ce qui n'arrangeait pas les catholiques qui, du reste, étaient majoritaires dans cette prison.

Pendant le culte, le pasteur demanda à chacun des nouveaux venus de se présenter et surtout de dire brièvement son expérience dans la foi chrétienne. Quand vint mon tour, je leur parlai de mes sacrements dans l'église catholique, du baptême au mariage. Je parlai de mes participations quotidiennes à la messe paroissiale du matin comme rythme normal de ma vie active. Je parlai de ma dévotion mariale, de mon engagement et mes responsabilités au sein de la Communauté Famille Chrétienne[15], et je leur dis que j'avais avec moi dans ma cellule : un chapelet, une bible, le livre des heures, un ordo et un missel paroissial. A l'occasion, je les informerai même que ce dimanche-là, l'église catholique romaine célébrait la solennité de l'Ascension de notre Seigneur Jésus-Christ.

A la fin de mon intervention, quelle émotion sur le visage des anciens !

Non seulement que chez les catholiques transparaissait clairement la joie de rencontrer un frère qui pouvait les libérer de l'emprise du pasteur protestant, mais le fait de révéler que ce jour était la grande fête d'Ascension et qu'en plus j'avais des instruments de prière et un calendrier liturgique les portait aux nues.

En effet, perdus dans cette prison où aucune visite n'était autorisée et où personne ne pouvait détenir ni stylo ni papier, ces « hommes sauvages » avaient perdu toute notion de temps. Ils savaient qu'on était au mois de mai, mais personne ne pouvait dire la date

---

(15) **Communauté Famille Chrétienne** : communauté de vie et de prière créée à Kinshasa en 1994 et répandue à travers l'Afrique et l'Europe.

exacte. C'est par la technique archaïque de la taille de l'ombre que ces gens devinaient l'heure, pourvu que le soleil donnât assez d'éclat ! C'était donc pour eux un miracle que les geôliers ne m'aient rien arraché sur tout le parcours alors qu'eux avaient été dépouillés de tout ; certains étant arrivés presque nus. Pour beaucoup, ma présence paraissait comme un trésor.

Dans son mot de circonstance, le pasteur se pressa de vanter sa première rencontre dans cette prison d'avec un chrétien digne de ce nom, pratiquant et respectueux des sacrements. Il décida illico de m'imposer les mains le lendemain comme diacre de sa « juridiction ecclésiale ».

Le culte était très animé, avec la participation physique et spirituelle de tous.

A la fin du culte, je me retirai à l'autre bout de la cour pour méditer l'office du matin et réciter mon chapelet. Je fis la même chose au milieu du jour puis vers la fin de l'après-midi, avant qu'on ne nous enferme.

Vers la fin de la journée, je m'approchai du Colonel Simon.

- « Frère, lui dis-je, je te vois avec un chapelet autour du cou. T'arrive-il de l'utiliser vraiment dans tes prières ? »
- « Oui, bien sûr ! répondit-il. Malgré qu'il ne soit pas complet, j'arrive quand même à m'en servir. »
- « Moi, je suis tenté de passer le premier mois de mon séjour ici principalement dans la prière, renchéris-je, et je voudrais le faire en compagnie de la Vierge Marie. Pourrais-tu accepter de m'accompagner dans cette prière ? »
- « Volontiers ! Mais … j'ai un grand frère qui a plus forte dévotion mariale que moi et qui est avec nous ici. Il s'appelle Capitaine Simon. C'est lui l'économe dont je t'ai parlé le matin. Je souhaiterais qu'il fasse partie de l'équipe. Il m'en voudrait d'apprendre que nous prions la Vierge Marie sans l'associer. »
- « D'accord, conclus-je. Nous nous rencontrerons donc chaque jour à partir de demain, à dix-sept heures juste dans un coin isolé pour cette prière. »

Lundi le 25 mai 1998, nous nous sommes retrouvés à l'endroit convenu, le Colonel Simon, le Capitaine Simon et moi, pour notre première séance de prière du chapelet. C'était dans un local vide, abandonné et crasseux, situé au bout du grand bâtiment rectangulaire occupant la cour intérieure du secteur de la prison où nous logions. Le Capitaine Simon, qui avait pris soin de nettoyer le petit carré où nous devrions nous placer pendant notre prière, nous expliqua la peine qu'il avait eu à trouver le semblant de balai à l'aide duquel il a pu faire ce travail. Nous en rendîmes grâce à Dieu. Puis, prenant la parole, je leur dis :

- « Mes chers frères, c'est pour moi une grande joie de constater qu'en cet endroit éloigné de nos maisons, de nos paroisses et de nos communautés de prière, Dieu nous découvre d'autres frères. C'est pour moi une grande joie de commencer avec vous aujourd'hui ce voyage de trente jours que je tenais à faire en compagnie de la très sainte Vierge Marie, mère de Dieu, mère de l'église et de tous les croyants et qui, à maintes reprises, m'a prouvé qu'elle est aussi ma mère. Depuis le matin du premier jour de notre arrivée ici, j'ai pensé que je devais passer mes trente premiers jours dans l'intimité de la Vierge Marie, et je suis content que le Seigneur nous donne de passer ce temps ensemble. Comme convenu, nous nous retrouverons donc ici chaque jour à partir de dix-sept heures pour notre prière. Nous méditerons les différents mystères du rosaire où chacun de nous, à tour de rôle, conduira une dizaine et donnera une intention de prière que le Seigneur lui inspirera. Je souhaite cependant, chers frères, que nos intentions tournent principalement autour d'un sujet : notre libération immédiate et en toute sécurité. A la fin du chapelet, nous méditerons et prierons avec la Sainte Vierge à travers l'Oraison de Trente Jours. A présent, commençons notre prière. »

Et j'enchaînai :

- « Au nom du Père et du Fils et du Saint-Esprit, Amen. »

- « Très Sainte Vierge Marie, mère de Dieu, mère de l'église et notre mère, nous rendons grâce à Dieu qui, par l'inspiration de l'Esprit Saint a voulu que nous venions à toi pendant les trente prochains jours solliciter ton accompagnement, ton soutien dans les prières que nous allons t'adresser. Mère très aimante, ne regarde pas nos défauts, nos péchés et nos faiblesses. Mais comme d'habitude, tourne vers nous ton regard compatissant et viens à notre aide. Intercède auprès de ton fils Jésus pour nous obtenir, comme jadis aux noces de Cana, la joie et la paix du cœur à travers les réponses aux intentions que nous allons t'adresser en toute sincérité et toute humilité. »

- « Je crois en Dieu … »

Nous récitâmes donc notre chapelet et, comme nous étions lundi, nos méditations et intentions séquentielles de prière tournaient autour des mystères joyeux de la vie de Jésus-Christ sur la terre. A la fin du chapelet, je leur lis pour méditation cette Oraison de Trente Jours :

« Sainte Marie, immortelle Vierge des vierges, Mère de Miséricorde, Mère de grâce, espoir de tous les désespérés. Par ce glaive de douleur qui transperça ton âme lorsque ton fils unique Jésus-Christ Notre Seigneur endura le supplice de la mort de la croix, et par cette piété filiale qui le fit compatir à ta douleur maternelle et te recommander à son bien-aimé disciple saint Jean, héritier du très parfait amour qu'il te portait, nous te prions d'apporter remède à l'affliction, à la misère, à la peine, en un mot, au triste état où nous nous trouvons. *O refuge assuré de miséricorde ! O Mère de miséricorde, très prompte libératrice des orphelins en toutes leurs nécessités,* écoute notre prière et les soupirs de notre âme inquiète et souffrante ; nous voyant accablés de chagrin et d'angoisse à cause de nos péchés, nous ne savons à qui recourir sinon à toi, chère et puissante protectrice, très clémente Vierge Marie, Mère de Notre Seigneur Jésus-Christ, ton image. Nous te prions de prêter à nos paroles l'oreille de ta compassion et de ta miséricorde accoutumées.

Sainte Vierge, nous te prions, par les entrailles de ton très doux et très miséricordieux Fils, par le sentiment qu'il éprouva au moment de son alliance avec la nature humaine, contractée en vertu du décret éternel de la Sainte Trinité dont il fait partie et qui a voulu qu'il prît une chair mortelle pour notre salut, qu'un ange t'en apporta la nouvelle ; que, par la vertu du Saint-Esprit, il revêtit de notre mortalité ; qu'il demeurât neuf mois dans tes flancs sacrés, vrai Dieu et vrai homme ; que, ce terme étant expiré, il sortit par la même opération de ton sein virginal, et qu'il habitât parmi nous.

Nous te prions, par la douloureuse agonie de ton Fils au jardin des Oliviers, lorsqu'il pria son Père d'éloigner de lui, s'il eût été possible le calice de sa passion ; par cette affreuse conjecture lors de laquelle tu le suivis en pleurant et sans l'abandonner pendant la catastrophe de sa passion et de sa mort ; par les maux que lui ont fait les faux témoignages et l'injuste condamnation qui ont été portés contre lui ; par cette robe sans couture qui fut tirée au sort ; par les liens dont il fut garrotté, et les coups de verges qu'il reçut sur son corps sacré ; par les larmes qu'il versa trois fois ; par les gouttes de sa sueur de sang ; par sa patience et son silence ; par ses ennuis et par la tristesse de son âme ; par la honte qu'il reçut d'être attaché tout nu sur la croix, suspendu en ta présence, vierge digne de larmes ! et devant tout le peuple ; par sa tête royale ; par sa couronne d'épines ; par sa soif ardente ; par le dégoût qu'il eût du fiel et du vinaigre qu'on lui offrit pour breuvage ; par son côté percé d'une lance ; par le sang et l'eau qui découlèrent de ses plaies, et qui furent des sources vives de grâce et de pardon ; par les clous dont ses pieds et ses mains furent percés ; par la recommandation qu'il fit de son âme à son Père ; par ce même esprit qu'il rendit après s'être écrié : *Mon Dieu, pourquoi m'as-tu abandonné ?* et après avoir baissé la tête en disant : *Tout est consommé ;* par la merveille du temple qui se déchira et des pierres qui se fendirent ; par l'éclipse du soleil et de la lune ; par le tremblement de la terre ; par la miséricorde qu'il exerça envers le bon larron ; par sa passion et sa croix ; par sa descente aux limbes ; par la joie qu'en éprouvèrent toutes les âmes des justes ; par la gloire de sa triomphante résurrection ; par les apparitions qu'il fit pendant quarante jours à toi, sainte vierge, aux apôtres et aux autres âmes choisies ; par sa glorieuse ascension en laquelle, à ta vue et à celle de tous les apôtres réunis, il fut élevé dans le ciel ; par la grâce du Saint-Esprit consolateur qu'il répandit sur ses disciples en forme de langues de feu et que, par eux, il communiqua à toutes les contrées du monde ; par le terrible jour du jugement auquel il doit juger les vivants et les morts et toutes les générations par le feu ; par la pitié pour les hommes que tu partageas avec lui sur la terre ; par la douceur de ses divins embrassements ; par la joie ineffable de ton assomption, jour auquel tu fus ravie au ciel en présence même de ton Fils où tu fus comblée de joie et de délices éternels, nous te conjurons de nous accorder les demandes que nous allons te faire avec toute l'humilité et la résignation dont nous sommes capables. (Pause) »

Je demandai que chacun fasse ici une demande qui lui plaisait. En surveillant bien à ma montre, je tenais à ce que ce temps prenne cinq minutes.

« Et comme nous savons très bien que Jésus ton Fils t'honore tant qu'il ne peut rien te refuser, fais, ô très sainte Mère, que nous ressentions facilement, efficacement et pleinement le secours de tes saintes consolations, selon tes vues miséricordieuses et selon la volonté de ton Fils qui fait la volonté de ceux qui le craignent et s'efforcent de lui plaire, selon ton bon plaisir, et selon les différentes nécessités où nous nous trouvons, mais principalement dans celle à l'occasion de laquelle nous invoquons ton saint nom et sa toute-puissance ; obtiens-nous aussi de ton Fils infiniment aimable une espérance ferme et une parfaite charité dans la foi catholique, une vraie contrition, une source de saintes larmes, une sincère confession, une digne et suffisante satisfaction, une exacte vigilance sur nous-mêmes, un grand mépris du monde, un véritable amour de notre Dieu et de notre prochain, la disposition à supporter les souffrances de Jésus-Christ ton Fils et la mort même (s'il la fallait endurer), l'entier accomplissement de nos pieux désirs, la persévérance dans les bonnes œuvres, la mortification de notre propre volonté, une conversion qui te soit agréable, une mort heureuse précédée d'un profond repentir de nos fautes et avec la conservation de notre présence d'esprit, du jugement et de l'usage de la parole ; obtiens-nous enfin la vie éternelle en la compagnie des âmes de nos parents, de nos amis, de nos frères, de nos sœurs et de tous nos bienfaiteurs tant vivants que trépassés. Amen. »* (Note : D. Spitaels, <u>Missel Paroissial</u>, Anvers 1900, pp 210-216)

- « Au nom du Père, et du Fils et du Saint-Esprit.
- Amen »

C'est donc de cette manière que nous procédions chaque jour dès le lundi 25 mai à 17 heures.

Une tradition instituée par le Pasteur Fala recommandait que chaque lundi et mercredi, tous les détenus organisent une chaîne de prière pendant la journée, de sept heures à quatorze heures.

Selon la tradition, à la fin de la prière communautaire du matin, tout le monde se relayait en équipe de quatre à la chapelle pour une prière qui devait durer une heure juste.

Dans mon groupe, il y avait Djo-Djo, Thaddée, un hutu rwandais et moi. Or, depuis plus d'une semaine, Djo-Djo faisait une très forte fièvre. Toute la communauté avait essayé de donner de son génie pour soulager notre frère. Les aînés, qui avaient connu dans le temps un cas semblable avec le Capitaine Bara, lui ont administré des potions de feuilles de goyavier, des feuilles d'eucalyptus, en vain. Ils lui ont fait avaler de la pupille de papaye en poudre, en vain.

Nous sommes mercredi le 10 juin 1998. Chacun s'est réveillé ce jour avec dans son cœur une préoccupation inquiétante : l'état de santé de Djo-Djo. Depuis deux jours, il n'est pas sorti de sa cellule, il ne pouvait plus se lever, il ne pouvait plus manger, il avait perdu l'appétit et son corps faiblissait de plus en plus. Moi aussi, comme bien d'autres frères, je me réveillai avec une question au capita général :

- « Comment a-t-il passé la nuit ? »

Dès sept heures, nous étions à la chapelle pour la prière communautaire. Ensuite, et selon la tradition, c'est la chaîne de prière qui s'ensuivait. Lorsque vint le tour de mon équipe, je demandai à mes deux autres frères qui m'attendaient à la porte de la chapelle qu'au lieu de celle-ci, nous allâmes plutôt dans la cellule de Djo-Djo dont la porte se situait d'ailleurs en diagonale de celle de la chapelle. Ce qui fut fait.

Djo-Djo était là, presqu'inanimé. Etendu à dos sur son plancher-lit, il bougeait à peine. Nous commençâmes la prière, sous ma conduite.

Après le signe de la croix, nous fîmes une forte prière d'action de grâce et de louange à Dieu pour ce moment qu'il nous accordait de nous réunir dans la cellule de notre frère. Nous chantâmes quelques chants de louange, nous priâmes pour le pardon de nos péchés et principalement ceux de Djo-Djo, nous invoquâmes la présence de l'Esprit-Saint et chantâmes plusieurs chants dans ce sens puis, pour clôturer, je repris la parole pour m'adresser à Djo-Djo. Je dis :

- « Djo-Djo, mon petit frère. Je t'appelle ainsi car tu sais que tu es réellement mon petit frère. Je t'appelle ainsi car tu sais que s'il t'arrive quelque chose en ce lieu, à notre sortie, c'est vers moi que ta mère courra le premier pour s'enquérir de ce qui t'est réellement advenu. Oui, cher frère, depuis que ta mère t'a revu, en ma compagnie, dans notre cellule du GLM, elle n'a cessé de dire que nous étions frères désormais. Et en tant que tel, j'ai fait pour toi ce qui était en mon pouvoir à Kinshasa. A Kinshasa, Djo-Djo, ce que j'avais je te le donnais. Habits, nourriture et médicaments, je t'en ai donnés. A Kinshasa, par ma famille, ta famille a pu te localiser, et de Goma ta mère est venue et t'a revu. Là-bas, cher Djo-Djo, ce que j'avais, je t'ai donné. Ici, Djo-Djo, ici, je n'ai rien de tout cela. Je n'ai ni habit, ni nourriture, ni médicament à te donner, ni famille à contacter. Ce que j'ai, Djo-Djo, et tu le sais, c'est la foi. Et c'est cette foi que je te donne. Cher Djo-Djo, prie comme nous le faisons en ce moment, pour que tout ce dont tu as besoin pour ta guérison, que le Seigneur Dieu te l'accorde au nom Jésus, Amen. »

Djo-Djo reprit cet « Amen » après moi, puis il murmura plusieurs fois :

- « merci, merci, merci, … »

Je ne sais pas combien de temps cette prière avait duré. Mais ce que je n'oublierai pas, c'est que jamais de ma vie je n'avais prié d'une manière aussi intense. Je crois que je n'avais plus le contrôle de mes sens. Dès que j'avais commencé à m'adresser à Djo-Djo, je sentais toutes mes entrailles bouger en moi, les larmes me coulaient à flot et de mes narines ruisselaient des boules de rhume. Le survêtement noir qui me servait d'unique protection contre le froid hibernal du Katanga était tout mouillé …, je crois que finalement, je ne pouvais plus tenir debout. Je clôturai la prière et me précipitai vers ma cellule pendant qu'un membre de notre équipe faisait signe à l'équipe suivante pour la suite de la chaîne de prière. Une fois dedans, je m'étaler sur mon plancher-lit et fondis dans un profond sommeil.

Je fus réveillé vers quatorze heures par les sons de la cloche. Il y avait rassemblement.

Dès que je sortis de ma cellule, j'aperçus à l'entrée de l'enclos, face à la grille, un homme à la blouse blanche. Tous les détenus s'assemblaient devant lui. Un groupe de militaires l'entourait. C'était pour la première fois qu'un civil avait accédé à cette prison depuis notre arrivée et tout naturellement, c'était un événement. Notre impression était qu'on amenait là un médecin qu'on venait d'arrêter en ville. Et du coup, des questions me passaient par la tête :

- A-t-il procédé à un avortement qui a mal tourné ?
- Est-ce un ancien politicien qu'on traquait et qu'on aurait finalement déniché dans un hôpital ?
- Est-ce un infirmier qui se faisait passer pour médecin ? etc....

Mes spéculations s'arrêtèrent quand finalement un officier d'escorte prit la parole pour dire :

- Je suis venu vous présenter Mr ... [je n'ai plus son nom en tête]. Il est médecin de District à Likasi. Les autorités de la République viennent de lui donner l'autorisation de passer régulièrement chez vous pour s'occuper de votre santé. Chaque fois qu'il passera ici, vous êtes libres de vous présenter à lui pour consultation...

Dès qu'il eût terminé, le capita général prit immédiatement la parole pour dire :

- Nous remercions grandement les autorités de la République pour ce geste qu'elles viennent de poser à notre égard. Je n'ai aucun commentaire à faire là-dessus. Je voudrais seulement reconnaître que cela tombe à pic parce que nous avons justement un frère agonisant dans sa cellule.

Le médecin fut conduit immédiatement à la cellule de Djo-Djo. Après l'avoir ausculté, tâté et palpé, il retourna à son cabinet pour chercher les ustensiles nécessaires à un examen plus approfondi. A son retour à la prison, il préleva du sang de Djo-Djo et lui fit une ponction lombaire. Le résultat donna une très forte malaria. Revenant à la prison pour la troisième fois, le médecin apporta du sérum glucosé et divers médicaments qu'il solutionna. Djo-Djo fut mis sous perfusion.

Lundi le 22 juin 1998. C'est ce jour que mon groupe, le groupe de dix, accomplît un mois de séjour dans la prison. En effet, c'est vendredi le 22 mai que nous étions transférés des cachots du GLM à Buluwo. En réalité, nous étions onze au départ. Mais une semaine après notre arrivée, le Chef de l'Etat avait dépêché une délégation pour ramener d'urgence le Colonel Frondeur à Kinshasa, après s'être rendu compte que ce dernier avait été injustement accusé par des officiers tutsi de Goma d'avoir voulu attenter à sa vie.

Depuis quelques jours, sous l'initiative de l'Adjudant Otis, nous nous attelions à l'organisation, par notre groupe, d'une journée spéciale de prière afin de rendre grâce à Dieu à l'occasion de notre premier mois de séjour en prison. Tout naturellement, nous devrions solliciter l'accord de toute la communauté, notamment celui du Pasteur Fala et du capita général.

Alors que pour le capita général l'organisation d'une prière spéciale ne posait aucun problème, pour le Pasteur Fala, au contraire, il était hors de question qu'une telle prière se tînt en dehors des organisations conduites et dirigées exclusivement par lui. Mais notre groupe s'obstinait et continuait à préparer cette journée de prière jusqu'à la fin, encouragé en cela par la position du capita général, seul vrai responsable devant les autorités de l'Etat, de toutes activités au sein de la prison.

Avec l'accord de tout le monde, le groupe m'accorda la première responsabilité dans l'organisation de cette journée. Nous convînmes alors que nous passerions la journée dans le jeûne [malgré déjà la modicité du repas], que nous prierions en trois temps : un temps de prière ordinaire faite de louanges, confession intérieure et pénitence, prières d'autorité, invocation de l'Esprit-Saint, actions de grâce ; un deuxième temps consacré à la méditation de la Parole de Dieu, et un troisième temps consacré au partage et à l'adoration.

De tous les trois temps, celui qui marqua le plus mes frères fut la méditation de la Parole de Dieu. En effet, sous l'inspiration du Saint-Esprit, j'avais choisi pour la circonstance de méditer autour du livre de Job.

Reprenant l'histoire en quatre étapes, (1) je leur parlai d'abord de ce qu'était Job avant son épreuve en insistant sur son opulence et son attachement à Dieu malgré tout le bonheur dont il jouissait. (2) Puis vinrent la suite des épreuves partant de la perte de tout son avoir (progéniture et propriétés) jusqu'à sa déchéance physique. Tout cela, couronné par (3) l'abandon et même la condamnation de la société : son épouse qui au lieu de l'encourager, le pousse plutôt à outrager Dieu, ses amis (ELIFAZ, BILDAD et COFAR) l'accusent de tous les maux et le condamnent. (4) Mais la persévérance de Job dans sa foi malgré son incompréhension du silence de Dieu, lui rapporte le renouvellement de la grâce de Dieu par sa réhabilitation physique et la reconstitution au double de son avoir.

Au-delà de l'exaltation des faits si hauts de sens, je leur fis ressortir la richesse littéraire et surtout poétique de ce livre. Je relis des passages du dialogue entre Job et ses amis ; passages pleins d'images symboliques, de caractères philosophiques, de maximes et de sagesse inouïes ! Je leur fis voir l'étroitesse de l'intelligence humaine à travers les spéculations et turpitudes des amis de Job face à la suprématie de la justice miséricordieuse et éternelle de Dieu.

Enfin, établissant un parallélisme entre le sort de Job et les réalités que chacun de nous expérimentait depuis le jour de son arrestation, étayant mes propos par des témoignages des moments de faiblesse, de désespoir et d'angoisse connus par certains d'entre nous, j'appelai tous les membres du groupe à la persévérance dans la prière, à la culture de la foi et à la recherche effrénée de la connaissance de Dieu pendant le reste du temps que nous aurions à passer en prison.

Ensuite, j'invitai l'assemblée à se retirer pendant une heure pour essayer de lire autant que possible ce livre de Job, afin d'en épingler personnellement les grandes leçons à retenir.

Au retour du groupe dans la salle, nous partageâmes les fruits de nos lectures respectives, avant de conclure notre journée par une prière d'adoration.

Quelle merveille !

Jamais ! Jamais je n'oublierai une telle manifestation de l'Esprit de Dieu dans une communion de prière. Jamais je n'oublierai l'image de mon frère Otis éclatant en sanglots dans la profondeur de sa prière à haute voix. Pour la première fois ! J'entendis mon frère Ramsès prier à tue-tête en kikongo tout en chantant en français : « Seigneur, prends soin de moi. J'ai besoin de Toi. Seul, je ne puis rien, Tu le sais, Seigneur… ». Au fond de la salle, je pouvais entendre la voix d'un frère rwandais chantant en kinyarwanda. Et Djo-Djo, et puis, et puis tous ces témoignages que j'entendis des jours après, sur la profondeur et la richesse de cette méditation …

Mais à la fin de la journée, ô misère! je fus interpellé par le Pasteur Fala pour m'être entêté à organiser cette journée de prière en dehors du calendrier ordinaire de la communauté.

Mardi le 23 juin 1998 était le trentième jour de notre série de prières mariales. On se retrouva donc au même endroit, à la même heure, Colonel Simon, Capitaine Simon et moi pour notre dernière séance de prière. Mais avant que je n'ouvre la séance, le Capitaine Simon demanda la parole car, dit-il, il avait quelque chose à partager avec nous.

Prenant la parole, il dit :

- « Pendant que je dormais la nuit, j'ai eu un songe. Je me trouvais à Kinshasa, à la Cathédrale Notre Dame du Congo où le Cardinal Etsou[16] disait une messe à l'intention des religieuses du diocèse de Kinshasa. A la fin de la messe, je me retrouvai dans la cour de l'Eglise, seul homme au milieu d'une multitude de religieuses debout sur la pelouse. Depuis que je me suis réveillé ce matin, je n'arrive pas à donner un sens à ce songe pour le comprendre ; peut-être que vous deux pourriez l'interpréter. »

On se regarda le Colonel Simon et moi en mimant des signes traduisant notre incapacité, puis chacun le dit à haute voix au Capitaine.

(16) **Cardinal Etsou** : ancien archevêque de Kinshasa

- Nous ne comprenons rien de ce rêve.

Reprenant ensuite la parole, je me signai : « Au nom du Père et du Fils et du Saint Esprit, Amen, ... » Et nous fîmes notre chapelet du jour en méditant les mystères douloureux de la vie de Jésus sur terre que nous conclûmes comme toujours par l'Oraison de Trente Jours, puis nous nous séparâmes.

Le lendemain, mercredi 24 juin, l'Eglise célébrait la Nativité de Saint Jean-Baptiste. Ce jour est aussi l'anniversaire de mon petit frère Jean-Baptiste Bokoto Apanda. J'ai pensé à lui dans ma méditation matinale en demandant au Seigneur qu'il soit de ceux à qui le Seigneur donne de veiller à mes pauvres enfants tout ce temps de mon absence.

Ce même jour, vers quatorze heures, j'entendis les cliquetis de la chaîne qui enroulait les fermetures de la grille d'entrée de la prison, puis plusieurs coups de sifflets nous appelant au rassemblement. Je vis des militaires entourant deux femmes qui, bien qu'habillées en pagnes ordinaires du pays, ressemblaient bien à des religieuses surtout à cause de la croix en métal blanc qui pendait à leurs cous. Je vis aussi deux hommes en civil.

Alors, un des militaires qui les accompagnaient prit la parole et dit en Swahili :

- « Les deux femmes que voici devant vous sont des religieuses catholiques. Les autorités du pays nous ont envoyés vous les présenter car elles ont reçu autorisation de s'occuper de votre alimentation. Désormais, elles sont les seules personnes autorisées à entrer ici à n'importe quelle heure de la journée vous apporter de la nourriture, la cuisiner et la distribuer. Elles seront aussi les intermédiaires entre vous et les autorités de la ville quant à tous les autres problèmes sociaux que vous pourriez rencontrer... »

- Quant aux sieurs que voici en civil, ils sont Directeur et Directeur-Adjoint de cette prison. Depuis un certain temps, ils n'avaient plus accès à leurs bureaux à cause de certaines dispositions sécuritaires que les autorités étaient obligées de prendre. A dater de ce jour, ils reprennent la gestion administrative de la prison et c'est eux, sous la supervision des autorités militaires de la ville de Likasi, qui réglementeront les mouvements de ces religieuses ainsi que l'entrée de tous les aliments qu'elles apporteront ici. Nous souhaitons qu'il règne un esprit de bonne collaboration entre vous et eux pour que tout se fasse dans votre intérêt.

Après cet officier militaire, le Directeur de la prison prit la parole pour demander à l'officier de transmettre ses remerciements aux autorités du pays pour leur réhabilitation et le capita général fit de même tout de suite, au nom de tous les détenus.

Aussitôt que les militaires se retirèrent, les deux religieuses se mirent au travail. Elles nous distribuèrent d'abord des vêtements ; chaque détenu put avoir au moins un pantalon et une chemise ou un polo. Elles distribuèrent également des assiettes, gobelets en acier et des cuillères en plomb allégé. Elles firent entrer la provision d'aliments qu'elles avaient constituée pour quelques jours et se mirent à préparer.

Pour une fois, nous eûmes droit à un repas digne de ce nom : un met fait de viandes et légumes à la sauce et de la bonne farine de maïs, avec des fruits comme dessert. Incroyable !

Les jours qui ont suivi, c'était trois repas par jour : petit déjeuner le matin, met consistant en milieu du jour, et repas léger en début de soirée.

Dans la même semaine, Sœur Anto[17], que l'autre religieuse avait simplement accompagnée le premier jour, prit contact avec la direction locale de la GECAMINES et des plombiers furent envoyés pour refaire la tuyauterie de la REGIDESO[18]. Elle apporta dans l'entretemps un certain nombre de seaux pour usage commun et des bidons en plastique pour des réserves individuelles. Nous eûmes alors de l'eau courante à l'intérieur même de la prison et enfin ! et enfin !... je pus prendre une première douche.

---

(17) **Anto** : diminutif de 'Antoinette', de Antoinette Farhi, religieuse de la congrégation des Thérésiennes de la RD Congo alors basée à Likasi et dévouée au service des prisonniers et des malades.

(18) **REGIDESO** : régie de distribution d'eau de la RD Congo

Titre 3

> *« Apres cela, je répandrai mon Esprit sur toute chair ;*
> *Vos fils et vos filles prophétiseront,*
> *Vos anciens auront des songes,*
> *Et vos jeunes gens des visions. »*
> (Joël 3, 1)

Un matin, je rejoignis un groupe de frères autour d'une table de jeu de cartes. Comme d'habitude, c'était là une occasion bien donnée de se divertir dans des blagues, des contes et des commentaires divers sur la vie en général et sur les joueurs du jour, leurs exploits, leurs erreurs et leurs échecs. Je prenais part à tout cela et du coup, l'idée me vint de leur faire part d'un songe que j'avais eu la veille.

- Mes frères, leur dis-je, la nuit, pendant que je dormais, j'ai rêvé que deux anciens détenus de cette prison ont été ramenés ici.
- Deux anciens détenus ! s'exclama le capita général, je ne vois pas de qui il peut s'agir ! Depuis que nous sommes ici, il y eut un groupe de jeunes soldats qu'on avait incarcérés temporairement pour indiscipline au combat et qui furent ensuite renvoyés au front. Je ne vois pas comment on pourrait les ramener encore ici. S'ils ne sont pas morts, ils ne doivent qu'avoir réussi à s'éclipser comme ils nous l'avaient promis.

Quelques membres du groupe, surtout les anciens, tentaient de réfléchir autour de l'énigme sans être sûrs de ce qu'ils disaient. Pour certains, peut-être qu'on s'apprêtait tout simplement à nous amener de nouveaux détenus, pour d'autres, ça pourrait aussi être une façon d'annoncer notre propre libération... On passa ainsi le temps à pérorer, jusqu'à l'heure du repas, puis je m'en allai faire ma sieste.

En milieu d'après-midi du même jour, j'étais assis seul devant la porte de ma cellule, la tête entre mes mains, submergé par des souvenirs de la vie et des rêves d'un avenir incertain mais perspicace quant à la clarté et la persistance des visions qui hantaient mes pensées sur ma carrière, ma famille et mes projets. Le temps était doux, sans éclat du soleil, sans vent, mais frais et très sec, sans aucun chant d'oiseaux. On se croirait dans un état de deuil où même la nature donnait de sa part d'amertume. Relevant doucement la tête quelques instants après, je vis passer devant moi quatre hommes qu'escortaient deux militaires. Deux de ces hommes portaient eux-mêmes leurs bagages, tandis que les militaires portaient ceux des deux autres hommes. Les quatre hommes furent conduits vers le fond de la cour de la prison où ils furent logés, dans le secteur le plus isolé, le plus humide et le moins éclairé ; le secteur jadis réservé aux condamnés à mort en attente de l'exécution imminente de leur sentence. C'est dans ce secteur que je m'isolais chaque jour pour mes prières individuelles : le matin vers dix heures pour l'office de lecture, et le soir entre seize et dix-sept heures pour l'office du soir quand rien n'était prévu aux mêmes heures dans le programme de prière en communauté.

A l'heure de ma prière du soir, j'arrangeai mon unique vêtement d'alors: un ensemble de sport noir, mon Livre des Heures entre les mains, je me rendis à mon coin habituel pendant que les nouveaux pensionnaires prenaient un dernier bain de soleil devant leurs cellules avant la tombée de la nuit. Je les saluai en passant. Tous les quatre me dévisageaient d'un air inquisiteur. J'entendis l'un d'eux s'adresser à son voisin :

- Vois-tu, mon frère, vois-tu jusqu'où va la méchanceté de ton ami ? Il va jusqu'à emprisonner des prêtres !

Plus tard, j'apprendrai que celui qui parlait ainsi s'appelait Joseph, un homme politique très populaire à Kinshasa, qui s'adressait au général Anselme, un ami du chef de l'Etat de l'époque, sur ordre de qui nous fûmes tous arrêtés et mis en prison. En effet, Joseph avait vu dans mon allure toutes les apparences d'un prêtre : mon survêtement noir, mon livre de prière, ma démarche, ma façon de les saluer..., il ne pouvait en être autrement.

Au fait, Joseph et Anselme avaient été internés dans cette prison quelques mois avant nous, en janvier 1998 et, avec un troisième compagnon, Arthur, ils avaient organisé une évasion collective qui avait échoué. Croyant pouvoir atteindre la frontière de la Zambie pour un salut, Ils furent tous rattrapés dans les brousses du Katanga, inculpés pour tentative d'évasion et détournement des soldats en service (parce qu'ils avaient emmené avec eux des soldats de gardes en service le jour de leur évasion), ils furent jugés par la plus haute instance juridictionnelle de Lubumbashi et formellement condamnés. Arthur a eu la chance d'être condamné avec sursis à cause du très mauvais état de sa santé, mais aussi grâce à l'insistante intervention du gouvernement français car il était marié à une française et aurait acquis la nationalité. Il fut donc renvoyé à Kinshasa puis transféré à Paris pour des soins appropriés. Cependant, Joseph et Anselme furent ramenés à Buluwo, en compagnie de deux autres condamnés, Jean pour le compte de Joseph et Miko pour le compte d'Anselme.

Mon rêve de la veille trouva ainsi son explication.

Une autre nuit, je rêvai de la visite à la prison d'un haut fonctionnaire du District de Likasi. Assis à deux devant ma cellule, il me disait :

- Je suis venu vérifier la capacité de cette prison d'accueillir d'autres prisonniers. Nous avons reçu de Kinshasa un grand nombre de détenus que nous avons essayé de placer à la prison de Kassapa à Lubumbashi et il en reste encore plusieurs que nous sommes obligés d'amener ici. Tel que je constate cependant, ils ne pourront pas non plus suffire ici.
- Mais... vous pouvez les mettre à l'étage !, au-dessus de ce bâtiment ! lui dis-je en pointant le bâtiment au milieu de la cours de la prison.

En effet, au milieu de la cours se trouvait un bâtiment (mais pas en étage) où nous avions aménagé deux chapelles : l'une pour les protestants (qui servait aussi de réfectoire) et l'autre pour les catholiques. Le même bâtiment avait aussi d'autres compartiments dont, au fond, un grand local crasseux et, au milieu, de vieilles toilettes désaffectées. Le visiteur fut cependant ravi de ma réponse et renchérit :

- Mais c'est vrai ! je n'y avais pas pensé pourtant. Nous les mettrons à l'étage, au-dessus de ce bâtiment.

Je lui proposai un verre de bière, il repoussa poliment mon offre et s'excusa, pressé d'aller faire rapport à ses supérieurs.

Quelques jours après, alors que nous n'étions qu'à plus ou moins vingt-quatre et que la Sœur Anto se débrouillait tant bien que mal pour nous mettre à l'aise, on amena d'abord cinq cent cinquante nouveaux détenus, d'anciens éléments ex FAZ déplacés du camp de concentration de Kitona Base à l'éclatement de la rébellion du RCD/Goma[19] contre le pouvoir de Kinshasa , ensuite quelques trois cents autres, jeunes Kadogos (enfants soldats), ramenés de Kindu, dans la province du Maniema, pour indiscipline au front et refus de combattre.

Ainsi donc, de plus ou moins vingt-quatre détenus, nous atteignions près de neuf cents hommes et une femme, à survivre dans ce petit périmètre, sans aucune amélioration de la capacité d'accueil, sans augmentation de la provision alimentaire, sans aucun souci des conditions sanitaires et hygiéniques, … c'était la période la plus sombre de mon séjour dans cette prison.

Le stock d'aliments que la sœur Anto avait constitué pour nous, les anciens, s'est épuisé en deux jours. Très soucieuse, la pauvre sœur était obligée de commencer désormais sa journée par le tour des fermiers de la ville, quémandant quelques portions de légumes ou de viandes qu'elle venait tardivement cuire. Ainsi, des trois repas fastidieux auxquels nous nous étions quelque peu accoutumés, nous étions ramenés à un seul repas misérablement fait de la bouillie d'un mélange de toutes sortes de légumes que la sœur Anto avait la chance de collecter par jour.

Les petits enfants soldats furent les premiers à en pâtir. Habitués à fumer différentes sortes de cigarettes et à manger à leur faim, ils ravagèrent la verdure de la prison. Ils arrachaient furtivement des pages de nos bibles et dans ces papiers fins, ils empilaient toute feuille visible, sèche ou encore verte, dont ils faisaient des cigarettes à fumer.

---

(19) **RCD – Goma :** nom d'un parti politique créé à Goma en 1998 par d'anciens partisans de LD Kabila.

Quant aux vieux soldats ex FAZ, déjà affaiblis par la longue marche de Kitona jusqu'à la porte de Kinshasa, à Kasangulu pour la plupart, la criante crise alimentaire de Buluwo ainsi que les autres mauvaises conditions de vie ne pouvaient qu'être fatales ; une quarantaine d'entre eux ne purent supporter l'épreuve... ils en sont morts, certains de manière quelque peu mystérieuse par ailleurs.

Tous, nous vivions les moments de pires angoisses. Presque tous les deux jours, on m'appelait pour prier pour un frère agonisant. Et parfois, nous étions surpris de constater le matin un corps inanimé étendu à la cour, attendant son évacuation par les services compétents. Il y eut même une fois où un tel corps resta des jours durant jusqu'à ce que la garde prît l'audacieuse décision de le faire inhumer par les détenus-mêmes. Un frère qui avait fait partie de cette équipe me raconta :

- Nous l'avons enterré de force près d'un champ, car les villageois d'alentour n'ont pas voulu d'un corps étranger dans leur cimetière. Faute de temps et à cause de la solidité du sol alors que nous n'avions qu'une seule bêche, le trou n'a pas pu être profond. Il est certain qu'à la prochaine pluie, ce corps sera dehors.

Pendant ce temps, je m'éveillais et me couchais avec une idée presque certaine, que demain serait mon tour. Je multipliai alors les occasions de prière, jusqu'à en créer sept temps par jour.

Un jour, la Sœur Anto arriva un peu tard à la prison. Selon ses dires, les fermiers devenaient de moins en moins serviables et il lui fallait aller de plus en plus loin de la ville chercher d'autres bienfaiteurs. Dès qu'elle finît de faire la cuisine, elle envoya quelqu'un m'appeler.

- Tiens, me dit-elle, il y a du courrier pour toi. Une personne venue de Kinshasa m'a remis ces lettres de ta famille. Je lui ai promis de lui ramener ta réponse demain, car il tient à se rassurer que tu es bien vivant.
- Merci ma Sœur, rétorquai-je, pressé de découvrir les contenus des enveloppes, puis, je m'éclipsai vers ma cellule.

Nous sommes au mois d'octobre 1998. Depuis le mois d'août, des amis m'avaient informé de quelques opportunités offertes par des soldats de garde qui partaient en mutation à Kinshasa, par qui nous pouvions écrire à nos familles. A trois reprises, j'avais ainsi tenté ma chance sans aucune certitude. Or dans une des lettres, je disais à mon épouse de voir par le canal des prêtres de notre paroisse, la possibilité de me faire parvenir des nouvelles et même des colis via la Sœur Anto. Voici qu'un jour, un frère de la Communauté Famille Chrétienne, John, put faire la connaissance d'un étudiant des Facultés Catholiques de Kinshasa qui venait en vacances à Likasi. John en parla avec Rita (mon épouse) qui, après s'être convenue avec l'étudiant, passa l'information à toute la famille.

Ce jour fut différent, tout différent de tous les autres jours. Dans le paquet se trouvaient sept lettres à travers lesquelles toutes mes relations familiales étaient représentées ; mon épouse Rita, ma tante Honorine, ma marâtre Lucie, mes beaux-frères Aimé et Gandhi, la tante de Rita Armande et le frère Roger de la Communauté Famille Chrétienne. Je passai tellement de temps à les lire et relire que je ne pus m'accorder à apprêter les réponses, tel que la sœur m'avait demandé.

Deux jours après, la sœur me rappela à la cuisine.

- As-tu apprêté les réponses à tes lettres ?
- Non, Ma Sœur, répondis-je.
- Mais pourquoi ? Baba (c'est comme ça qu'elle avait pris l'habitude de m'appeler - Baba veut dire Papa en swahili). Elle continua : - je t'ai bien dit que le porteur tient à rentrer avec une preuve que tu es bien vivant ! Et puis, voilà, il y a une chose que je ne t'ai pas dite l'autre fois. Quand cet homme me remettait le courrier, je lui ai demandé s'il y avait de l'argent dedans, et je lui ai supplié de contacter ta famille d'urgence pour cela car vous traversiez des moments critiques. C'est ce qu'il a fait. Ton épouse t'a envoyé deux cents dollars américains, à toi de me dire ce que je dois en faire...

Qui pourrait me dire un jour ce qu'il ressentirait en pareille circonstance ?... Qui comme moi aurait été si proche des abîmes, à un pas de la mort et en serait ainsi délivré ? ... Qui comme moi aurait jamais compté ses jours et les décompterait par la suite, par la grâce de

Dieu ?... Qui sous le ciel se serait déjà vu dans la fosse et en serait ramené par la main puissante de Jésus ?

C'est pourtant là ce que fut mon cas.

Je demandai à la Bonne Sœur de m'accorder un peu de temps puis revenant de ma cellule avec une petite liste à la main, je lui dis :

- « Ma Sœur, de cet argent enlève d'abord vingt dollars, c'est-à-dire les dix pourcent, que tu remettras au Curé de la paroisse la plus proche comme dîme. Ensuite, dans la mesure du possible achète-nous les biens ci-après pour moi, mes frères Dénis et Paul ainsi que notre ami Otis ».

En effet, Denis et Paul étaient des frères qui avaient été arrêtés avec moi dans un même dossier et, depuis notre arrivée à Buluwo, Dénis avait tellement sympathisé avec Otis que ce dernier passait tout son temps en notre compagnie ; je ne pouvais donc pas ne pas l'inclure sur notre liste de ménage. Et selon les instructions de nos geôliers, nous n'avions pas le droit de posséder de l'argent et donc, la Sœur Anto se trouvait dans l'obligation de devenir à la fois caissière et demoiselle de courses pour nous. Le lendemain, elle nous procura tous ce dont nous avions besoin : des produits de toilette, de nouvelles assiettes et des couverts, une bonne provision de nourriture, un sac de braise, un brasier... nous rendant ainsi désormais autosuffisants sur le plan culinaire.

J'en avais profité dans l'entre-temps pour écrire à Rita, mon épouse, l'assurant de la parfaite réception des lettres et de l'argent, et lui demandant de faire de son mieux pour nous faire régulièrement des mandats par le même canal. Et dès lors, la Sœur Anto recevait mensuellement des transferts à notre ordre, dont elle nous faisait part et qu'elle gérait en bon ange, versant régulièrement la dîme à la paroisse, et répondant pieusement à toutes les commandes que nous faisions.

En effet, j'insistais que de chaque transfert d'argent perçu, la Sœur Anto versa régulièrement une dîme à la paroisse car, avant la venue de la Sœur Anto, un frère, Marien, m'ayant entendu une fois regretter de n'avoir pas encore vu une seule pièce de la

nouvelle monnaie que le nouveau régime venait de frapper plusieurs mois déjà, m'avait offert par la suite un billet de 1 franc. Ce frère, comme certains autres, avaient réussi bien longtemps avant à entretenir un réseau de contact avec sa famille. Un peu plus tard, un autre frère, Jean, m'offrit un billet de 5 francs. Ne sachant exactement quoi faire avec ces dons, la détention d'argent étant alors de stricte interdiction dans cette prison, je les gardais jalousement dans ma cellule, dans l'espoir qu'ils me serviraient le jour de notre probable libération, en transport par exemple.
Malheur à moi !

Les gardiens de la prison avaient fini par apprendre que certains détenus recevaient de l'argent de leurs familles. Une équipe de contrôle y est descendue une nuit alors que nous étions en plein sommeil, et tous les objets de valeur nous étaient ravis, nous replongeant dans notre habituel désespoir.

Quelques semaines plus tard, le Comité International de la Croix Rouge obtint l'autorisation de nous prendre en charge. La Sœur Anto pouvait alors respirer un peu ; Elle n'avait plus à trop se préoccuper de notre alimentation, le CICR s'en occupait désormais bien que pas au même niveau qu'à la belle époque d'avant la crise. On nous servait alors un bon plat de haricots et une bonne boule de foufou que mon équipe avait l'avantage d'améliorer en y ajoutant viandes et légumes grâce aux possibilités qui nous étaient désormais offertes. En plus, nous eûmes accès aux soins de santé primaires, et les contacts furent enfin formellement établis avec nos familles grâce à un système particulier de correspondance apporté par le CICR. Après avoir rempli des fiches individuelles, un numéro d'identification était attribué à chaque détenu [le mien était CDK : 013-831], qui devait être repris sur chaque correspondance adressée aux membres de familles. Ces derniers reprenaient la même référence sur leurs feuilles de réponse.

Titre 4

« Pourquoi as-tu douté ? »
(Matthieu 14,31)

Depuis quelques semaines déjà, un groupe d'officiers (les colonels Marien, ... Moses et Evariste et le Capitaine Simon) m'avait abordé pour me suggérer de mettre sur pied un groupe de prière catholique.

- « Après toutes les prières que nous avons adressées au Seigneur, me dit un jour le Colonel Evariste, il y a de plus en plus de signes que nous finirons bien par quitter cette prison. Notre souci est qu'une fois dehors, nous puissions servir dans nos paroisses. Or, au rythme auquel nous mène "Notre Pasteur", nous risquons d'être convertis au protestantisme et à cela, aucun de nous ne donne son approbation! »

Dans ma réponse, je leur disais :

- « Chers frères, vous devriez comprendre d'abord que notre prison est majoritairement militaire et je ne voudrais pas paraître comme "le civil qui vient semer la zizanie entre vous" ».

Et je leur faisais part des difficultés matérielles avec lesquelles nous serions amenés à fonctionner car, quelle que soit l'organisation dans laquelle nous pourrions nous trouver, nous devrions respecter les normes exigées par l'Eglise, qui ne nous sont malheureusement pas accessibles dans nos conditions de vie actuelles. Je pensais notamment à la documentation (livres de chants, prières, catéchisme et autres) et à une liaison obligatoire avec les structures locales de l'Eglise (une paroisse ou l'aumônerie des prisons), etc.

Cependant, la hargne de mes frères augmenta encore avec l'arrivée de la Sœur Anto par laquelle ils croyaient fermement avoir trouvé réponse à toutes mes objections.

Alors, je pris un jour le temps de parler longuement avec la Sœur Anto de ces préoccupations de mes frères en lui présentant les seuls instruments de prière dont je disposais à savoir : la bible, le bréviaire, le vieux missel paroissial (édité en l'an 1900) et le chapelet. Elle me répondit que cela était suffisant pour animer une communauté de prière et me promit d'autres instruments qu'elle m'apporta le lendemain : un livre de chants en français, des chapelets, une statuette de la Vierge Marie et encore plus tard, un recueil de prières "Prie dans le secret" de Robert Claude et José Feder (Casterman, 1965).

Sœur Anto m'encouragea donc à créer et diriger une communauté catholique comme les frères me le demandaient. Je convoquai alors le même groupe d'officiers et leur en communiquai la nouvelle, ils en étaient ravis ! Ensemble, nous convînmes de créer une CEVB[20] que nous appelâmes SAINT FRANCOIS D'ASSISE. Sœur Anto et Monsieur le Directeur de la Prison s'engagèrent à en parler au Curé de la paroisse la plus proche en vue de notre annexion. Il s'avérera plus tard que, malgré la bonne foi de ce bon Curé, les autorités de la ville ne daignèrent pas l'autoriser à prendre un quelconque contact avec les détenus. Sœur Anto nous recommanda alors de fonctionner plutôt dans le cadre de l'Aumônerie des prisons car, comme elle ne cessait de nous répéter, elle tenait à tout prix à faire venir l'Abbé Aumônier du District de Likasi dans cette prison.

Dans l'entre-temps, le groupe commençait déjà ses premières activités.

Après une réunion avec le Pasteur Fala, il fut convenu que les catholiques tiendraient désormais des réunions de prière matinales séparément des autres groupes et que les prières de dimanche cesseraient d'être purement protestantes dans leur forme habituelle pour devenir plutôt œcuméniques en tenant compte des solennités catholiques et de la mémoire de certains Saints.

---

(20) **CEVB** : Communauté Ecclésiale Vivante de Base

Les fidèles catholiques nettoyèrent alors une salle jadis crasseuse et abandonnée, mitoyenne à celle qui faisait habituellement office de chapelle. Ils allèrent fouiller dans les décombres de l'ancienne vraie chapelle de la prison enfouie dans la broussaille et en ramenèrent un crucifix en bois sculpté qu'ils pendirent sur le mur principal de la nouvelle chapelle. Sœur Anto nous apporta de la chaux et les fidèles en repeignirent les murs intérieurs. La communauté chrétienne de la prison avait ainsi deux chapelles dans lesquelles les offices religieux pouvaient être organisés librement et harmonieusement.

Des activités religieuses s'ouvrirent alors dans le cadre de la Légion de Marie, où les fidèles apprirent à connaître la personne de la Sainte Vierge Marie et son rôle sacré dans notre vie de foi ; ils apprirent ainsi à prier avec le chapelet en méditant à travers la bible les mystères de la vie de Jésus sur terre, de l'annonciation en passant par la pentecôte au couronnement de la Vierge Marie au Ciel.

Nous créâmes une chorale où les chantres, faute de papier ordinaire au début, notaient les chants sur des morceaux de cartons d'emballage qu'amenait Sœur Anto.

Nous ouvrîmes une école de la bible, où les fidèles s'initiaient puis devinrent assidus à la lecture et à l'exhortation de la Parole Sainte.

Chaque vendredi, nous organisions le Chemin de Croix et une évocation du culte des Morts ;

Et la prière du Renouveau Charismatique avait lieu chaque lundi après-midi ...

Comme nous cheminions dans l'affermissement de notre foi, les frères commencèrent à ressentir et exprimer le besoin d'un peu plus que ce qu'ils croyaient avoir déjà obtenu. En effet, certains d'entre eux, partant du plus bas de l'expérience spirituelle avec Jésus, se félicitaient déjà de leurs performances dans les prières quotidiennes du chrétien, dans la lecture, la compréhension et l'explication de la parole de Dieu et dans l'exercice de la charité. Alors, ils se mirent à presser la Sœur Anto de faire venir un prêtre pour qu'il nous célébrât l'Eucharistie.

La fête de l'Assomption approchait et les frères y trouvaient encore plus de raison de réclamer davantage cette célébration eucharistique. La Sœur promit de faire de son mieux, et nous mettions déjà toutes les dispositions en place : la préparation de la messe par la sélection des chants appropriés, les répétitions de la chorale, la multiplication des sacrifices pénitentiels, la préparation à la confession, etc.

Vers le début du mois d'août (1998) cependant, la réponse des autorités de la ville nous parvint comme un coup d'épée dans le cœur et coupa tout notre souffle:

- aucun prêtre n'est autorisé à accéder à cette prison !

Alors, déçus et confus, les frères vinrent me voir pour non seulement cracher leur répugnance à l'endroit de "nos bourreaux" mais aussi et surtout pour me dire leur ardent désir d'avoir coûte-que-coûte une célébration eucharistique ! L'un d'eux, le Colonel Evariste, me dit :

- « Président[21], dans les circonstances dans lesquelles nous nous trouvons ici, nous croyons que Dieu peut bien accepter que quelqu'un d'entre nous, celui en qui il a donné une spiritualité plus forte, puisse se conduire en prêtre. Nous croyons, président, que tu peux prendre la place du prêtre au milieu de nous. C'est pourquoi nous te supplions de ne pas t'opposer à la proposition que nous sommes venus te faire. »

- « Laquelle ? » Rétorquai-je.

- « Président, reprit-il, fais-nous une messe ! »

- « Mais, c'est impossible, leur dis-je ! Je n'en ai ni la capacité, ni le droit. Ne me poussez pas à tirer profit des circonstances pour commettre l'imposture. Non ! je ne le peux pas. Contentons-nous de ce que le Seigneur nous permet et nous permettra encore de faire et prions encore que le Seigneur daigne nous envoyer un prêtre qui célébrera pour nous la Sainte Eucharistie. »

---

(21) **Président** : ou dirigeant ... de l'aumônerie catholique

Les frères ne furent pas du tout satisfaits par ma réponse et reprirent avec insistance.

- « Dans notre paroisse du Camp Tshatshi[22] », intervint le Colonel Marien, « nous n'avions pas de prêtre en permanence. Nous n'avions qu'un Mokambi[23]. Et …, lorsqu'il advenait qu'il n'y avait pas de prêtre visiteur un dimanche, le Mokambi disait la messe ! Et nous avons le privilège d'avoir le même Mokambi parmi nous, je pense qu'avec lui ensemble, vous pouvez bien organiser quelque chose. »

A la fin de la réunion, je m'en allai rencontrer le Capitaine Simon dans sa cellule et lui fit part des propos des frères.

- C'est vrai ! Reprit le Capitaine. Je suis l'ancien Mokambi de la paroisse du Camp Tshatshi et ce que t'ont dit les colonels est vrai. Cependant, je ne sais pas si nous devons juxtaposer notre situation à celle que nous avions au Camp …, je ne sais pas ce que peut être ton opinion là-dessus.

Reprenant la parole, je lui dis :

- « Je me souviens que dans ma tendre enfance, je me suis retrouvé au village de ma mère en fuyant la guerre tribale au chef-lieu du Territoire où travaillait mon père vers l'an 1962. Là se trouvait une chapelle qui était tenue par un Catéchiste. Je n'y avais jamais vu de prêtre durant tout le temps de mon séjour, mais le Catéchiste dirigeait toutes les prières communautaires. Si mes souvenirs peuvent encore être bons, il est possible que je reconstitue le rituel tel que célébré par ce Catéchiste. »

Nous nous mîmes alors à consulter mon vieux missel paroissial et voici que la chose nous parut aussi simple ! Nous ne devrions que suivre le rituel ordinaire de la messe en omettant simplement la "Consécration" étant donné que nous n'avions pas d'Hostie et

---

(22) **Camp Tshatshi** : camp militaire de la division spéciale présidentielle de Mobutu
(23) **Mokambi** : (en lingala) conducteur laïc d'une paroisse catholique en l'absence d'un curé permanent.

surtout que tous les deux, nous tenions à ne pas risquer de tomber dans la tentation de nos frères qui dans leur proposition insistait que Sœur Anto pouvait bien bénir du pain que nous pourrions nous partager comme chez les protestants !

Le dimanche de l'Assomption, le 9 août 1998, nous organisâmes une assemblée dominicale en l'absence du prêtre. Procédant par le chant d'entrée, puis le Kyrie et le Gloria suivis des trois lectures, je conclus la liturgie de la parole par une "homélie" qui fut plutôt un enseignement sur :

- o la personne mystérieuse de Marie (Genèse 3,15, Isaïe 7, 14, Michée 5, 1-2, Matthieu 1, 22-23), Apocalypse 12, 1)
- o le culte de vénération à la Vierge Marie (Luc 1, 48)
- o la virginité de Marie et la réponse à la critique selon laquelle elle aurait eu d'autres fils (Matthieu 12, 46, Galates 1, 19, Marc 16, 1)
- o les débats au sein de l'Eglise sur la reconnaissance de Marie comme Mère de Dieu ainsi que la réponse apportée par les apparitions de Lourdes quant à l'Immaculée Conception de Marie,
- o le mystère de l'Assomption de Marie, demeure de Dieu remontée au Ciel.

Nous chantâmes le Credo et fîmes des offrandes puis, après avoir prié pour les offrandes, j'introduisis et chantai la préface d'un dimanche ordinaire en introduction au Sanctus que nous entonnâmes allègrement puis, silence .....

Avant la célébration, j'avais pris soin d'expliquer aux frères que ce temps de silence devait être consacré à une adoration silencieuse de la présence de Dieu parmi nous. Ce silence prit une bonne dizaine de minutes et... il fut rompu par le chant de prière communautaire, intercalé par des intentions libres de la salle que nous clôturâmes par le Notre Père. Et enfin, je leur dis,

- « Que le Seigneur notre Dieu nous bénisse, qu'Il nous garde de tout mal et nous conduise à la Vie Eternelle au Nom du Père et du Fils et du Saint-Esprit !
- Amen !
- Notre célébration est finie demeurons dans paix du Christ !

- Nous rendons grâce à Dieu ! »

La chorale enchaîna avec le chant de sortie pendant que la chapelle se vidait de son monde.

- « Bien qu'on n'ait pas eu d'Eucharistie, moi je suis comblé ! Je ne pouvais m'attendre à mieux ! Tu m'as remis dans l'ambiance de ma jeunesse écolière où la messe, tout en étant une corvée, était aussi cette nécessité qui m'entraînait à la piété et rythmait notre vie ! Non…, président, je suis convaincu qu'un prêtre finira par nous visiter ici. »

C'est le Colonel Evariste qui venait ainsi me remercier après la célébration. Et au Colonel Marien d'ajouter :

- « Avec ce goût que tu viens de nous donner, il faut qu'il en soit ainsi désormais, chaque dimanche ! Nous n'avons plus besoin de prières protestantes ! »

- Pourquoi devrions-nous réclamer encore un prêtre ? Nous avons notre prêtre ici ! Même si on ne veut pas nous en envoyer un, le président nous suffit ! S'écria un Hutu rwandais, ….

Sœur Anto, qui avait tenu à assister exceptionnellement à cette première "messe", me tira de côté pour me demander :

- « Es-tu un ancien séminariste ?
- Non, lui dis-je, plutôt ancien collégien et un peu assidu à l'église, en semaine comme les dimanches, c'est tout.
- Sincèrement parlant, je suis tentée de demander à mes consœurs de venir un dimanche assister à votre "messe". Mais dans l'entre-temps, je continue à me battre pour faire venir l'Abbé Aumônier et je crois que je réussirai car lui aussi me soutient dans mes démarches. Soutenez-moi dans vos prières, j'en ai grandement besoin. Merci. »

Eh oui ! Il en fut ainsi désormais. Chaque dimanche, au lieu de la seule prière œcuménique comme auparavant, chaque communauté tenait d'abord son culte séparément le matin, ensuite on se retrouvait en prière œcuménique en début d'après-midi.

Mais dans l'entre-temps, l'écho de quelques critiques parvenait jusqu'à nous. J'entendis les protestations d'un fidèle catholique qui disait :

- « je n'ai jamais appris qu'un laïc soit autorisé de "chanter le canon !" »

Il s'insurgeait ainsi contre le fait que j'avais chanté la préface du dimanche et considérait cela comme une profanation du culte eucharistique et donc, une abomination.

Et des frères d'autres communautés religieuses, surtout les protestants qui, dans leurs commentaires considéraient mon geste comme une concurrence à l'égard du seul et unique "pasteur consacré" que nous avions dans la prison, le Pasteur Fala, surtout qu'il y avait eu des antécédents entre nous quelque temps plus tôt.

J'ai souffert de l'incompréhension de mes frères, c'est vrai ! Mais elle ne m'a ni ébranlé ni découragé. Car mon acceptation à répondre positivement à l'appel de mes frères catholiques a été précédée d'une méditation profonde déclenchée par une lecture tirée de l'évangile de Matthieu au chapitre 14, versets 22 à 33 (Jésus marche sur la mer) mais particulièrement le verset 31 qui reprend la réaction de Jésus à Pierre comme suit : « *Aussitôt, Jésus, tendant la main, le saisit en lui disant : Homme de peu de foi, pourquoi as-tu douté ?* »

Dans la profondeur de ma méditation, j'ai imaginé l'ensemble des détenus comme dans une barque au milieu de la mer. Secoués par les vagues et tellement hantés par les angoisses de la mort, leurs yeux se sont obscurcis. Ils sont rendus incapables de voir et sentir Jésus debout au milieu d'eux. Et moi avec eux ! Jésus m'interpelle, Il m'invite à m'approcher de Lui et comme Lui, à marcher sur les vagues. C'est comme cela que j'ai perçu l'appel de mes frères. Et ma résistance à cet appel fut compris comme ce doute de Pierre, et à travers Pierre, Jésus me disait : « Pourquoi résistes-tu ? »

Depuis des mois et des semaines, Sœur Anto n'arrêtait de me souffler à l'oreille que nos prières allaient bientôt être exaucées. Elle me parlait de l'évolution quotidienne de ses démarches qui devaient aboutir dans les semaines qui suivaient. Et fort de cette certitude de la Sœur, je me mis à réorganiser la chorale, à sélectionner les chants appropriés et à multiplier les répétitions.

Au matin du samedi 03 juillet 1999, elle m'appela à son poste au magasin situé à l'aile droite de l'entrée de la prison pour m'interpeller:

- « Es-tu prêt ? dit-elle, car à moins d'un contretemps de dernière minute je viendrai demain avec l'Abbé Frans, aumônier des prisons pour le District de Likasi. As-tu bien préparé ta chorale ? Regarde dans ton missel de dimanche et prépare les lectures. Ne me déçois pas, hein ! j'ai tellement vanté vos activités ici qu'une moindre erreur de votre part désillusionnerait Monsieur l'Abbé. Prépare aussi tes frères à la confession. »

- « Ma Sœur, lui répondis-je, pour la chorale, nous pourrons encore avoir une dernière répétition ce soir comme d'habitude et là il n'y a pas de problème. J'ai aussi préparé les lectures avec ceux qui ont été désignés pour cela. Le seul grand problème que je risque d'avoir, c'est de convaincre mes frères à ne communier que s'ils sont en règle avec les principes de l'Eglise, c'est-à-dire, avoir reçu les sacrements requis dont celui du mariage religieux. Il y en a qui rêvaient tant de cette célébration eucharistique qu'ils risquent de n'obéir à aucune instruction les empêchant de communier. »

- « Ah non ! s'exclama la Sœur, les principes restent les principes et nous sommes tous tenus à nous y conformer ! A moins que le prêtre n'en dispose autrement, seuls ceux qui sont en règle avec l'Eglise pourront communier. De toute façon, je tenterai d'en parler avec le prêtre avant la messe si le temps nous le permet. »

Dans l'après-midi de ce samedi-là, nous eûmes d'abord notre réunion de la Légion de Marie, comme d'habitude, sous la direction du Frère Léon: récitation du chapelet et du catena puis, dans les communiqués et divers, j'annonçai la visite de l'Abbé Frans telle que confirmée par la Sœur Anto. J'invitai l'assistance à renforcer la chorale et à prier avant leur sommeil pour qu'aucun empêchement n'intervienne. Je leur rappelai le strict respect du caractère sacré de l'Eucharistie et de ne communier que si on se savait en ordre avec l'Eglise.

Enfin, nous tînmes notre répétition.

Je me réveillai ce dimanche-là comme d'habitude à cinq heures du matin. Après un court exercice de réveil physique et la toilette (petit besoin dans un pot et douche dans la Cellule), je fis mon office du matin suivi de la méditation du chapelet avec les mystères glorieux avant que le capita général n'ouvre ma cellule à sept heures. Pour accompagner ma prière de ce matin-là, le Seigneur m'avait inspiré ce chant merveilleux :

« Voici le Jour que fit le Seigneur, Alléluia ! Alléluia ! Alléluia ! Alléluia ! Jour d'Allégresse, Jour de Joie ! »

Mes voisins m'entendaient chanter allégrement et vigoureusement, entrecoupant mes séquences de prières et de méditations. A un certain moment j'entendis même comme en écho un frère répéter au loin le même chant. C'était un frère hutu rwandais qui m'avouera un jour :

- « Frère Athanase, je t'entendais tellement chanter et prier aux mêmes heures du matin que j'ai fini par prendre, moi aussi, la résolution de me réveiller aux mêmes heures pour t'accompagner. J'aimais tant tes chants que je les répétais moi aussi, à haute voix. »

Dès que je sortis de ma cellule, je constatai que l'empressement de mes frères vers les cabinets était inhabituel. Tous, protestants, kimbanguistes ou catholiques étaient pressés de s'apprêter pour attendre le prêtre. La nouvelle s'est répandue la nuit comme une traînée de poudre. Tout le monde était au courant, tout le monde attendait. Vers huit heures, tous étaient prêts : endimanchés, petit déjeuner achevé (pour certains), sièges réservés dans la chapelle, autel apprêté pendant que la chorale affinait les dernières notes.

Vers dix heures trente minutes enfin, la grille de l'entrée intérieure s'entrouvrit pour laisser passer Sœur Anto et Abbé Frans. Quelle joie dans mon cœur ! Le sourire se lisait sur toutes les lèvres ! Et toute la communauté de la prison s'empressait pour serrer la main du prêtre. J'avançai moi aussi, je saluai l'Abbé Frans puis Sœur Anto et je les conduisis dans la chapelle pour le début de la messe. Mais Sœur Anto en ressortit aussitôt, pressée par le travail qui l'attendait à la cuisine. J'en profitai pour repasser dans ma cellule prendre mon carnet de chants, le missel, une assiette en acier et une fourchette pour servir de clochette (pour le temps de Consécration !) ainsi que de l'eau dans un petit seau et une branchette d'eucalyptus pour les aspersions rituelles.

Pendant que j'étais parti, Evariste envoya un fidèle demander au prêtre s'il ne pouvait pas, vu les circonstances, accorder une dérogation spéciale aux non mariés pour la communion de ce dimanche particulier et spécial. A mon retour, le prêtre me fit part de cette requête et me demanda si j'étais bien au courant de la présence parmi nous des frères en situation irrégulière par rapport aux sacrements.

- « Oui, Monsieur l'Abbé, et je leur ai recommandés hier soir pour la dernière fois de se conformer strictement à ce principe. »

- « C'est bien, me dit-il, mais compte tenu des circonstances particulières dans lesquelles vous vous trouvez, et n'étant pas sûrs du moment ni des circonstances de votre sortie de prison, ceux qui le veulent peuvent confesser et communier, parce que je commence d'abord par la confession avant la célébration de l'eucharistie, à la condition de prendre une résolution ferme de régulariser cette situation dès la sortie de prison. »

Je communiquai la nouvelle à l'assistance et la confession commença. Presque toute la communauté catholique y prit part, y compris Evariste et même un frère protestant, Marcel.

Nous célébrâmes ensuite l'eucharistie, sous la conduite de l'Abbé Frans, selon le tableau liturgique ci-après. C'était le quatorzième dimanche du temps ordinaire de l'année liturgique A:

Introït : Car ta Bonté vaut mieux que la vie,

Kyrie	: Bwana, Tunahomba Kwako,
Gloria	: Aleluya ee, Aleluya, Aleluya nkembo na Nzambe Aleluya,
Epitre	: Esprit de Dieu, Souffle de Vie,
Evangile	: Alléluia grégorien du temps de Noël,
Credo	: Nous Croyons en Toi, Seigneur, Nous Croyons en Toi,
Intercession	: Entends nos prières, entends nos voix,
Offertoire	: Ndima mabonza topesi yo e, yoka losambo la biso,
Sanctus	: Yo Mosantu, Mosantu, Yo Mosantu,
Pater Noster	: Notre Père qui es au cieux,
Agnus Dei	: La paix soit avec nous,
Communion	: Bandeko tolia o meza esantu,
Médiation	: Le Christ est vivant, Alléluia

Vers la fin de la messe, pendant que la chorale chantait le chant de la méditation sous ma direction, je jetais régulièrement un regard au prêtre pour vérifier s'il avait fini d'emballer sa trousse. Je constatai que les larmes coulaient sur ses joues.

A la fin, après la bénédiction finale que l'Abbé Frans prononça avec une voix toute tremblante, je m'approchai de lui et lui demandai en blaguant :

- « Nous ne t'avons pas trop effrayé ! hein, Monsieur l'Abbé ? »

- « Non, non,... c'est plutôt qu'à aucun moment je ne m'attendais à une aussi belle célébration eucharistique... En venant ici, je croyais vous trouver en piteux état, malingres, fatigués, mal vêtus et appelant la mort sur vous-mêmes. Je suis troublé par la gaieté avec laquelle vous avez chanté votre messe. »

Après quelques échanges avec lui sur notre vie sociale et religieuse en prison, il s'en alla en nous promettant de revenir chaque dimanche tant qu'il le pourra.

Ce fut possible en effet, quelques dimanches, jusqu'au jour où la sœur Anto commença à être traquée par les services de sécurité qui l'accusaient d'assurer des liaisons entre certains d'entre nous dont le Général Anselme et des politiciens à l'intérieur et à l'extérieur du pays. Sœur Anto fut alors interdite d'accéder à la prison pour un moment, ce qui découragea l'Abbé Frans, très âgé et fatigué, qui ne puisait qu'en Sœur Anto le peu de courage qui lui restait pour visiter les prisons.

Lorsqu'enfin Sœur Anto fut de nouveau autorisée de reprendre sa charge chez nous, elle réussît à convaincre un autre prêtre, l'Abbé Kanyinda qui nous accompagna merveilleusement jusqu'à la fin de notre séjour malgré les intermittentes interdictions qui continuaient à frapper la Sœur.

Je garde de merveilleux souvenirs des homélies de l'Abbé Kanyinda, sa sensibilité pour les cantiques bien chantés et surtout la forte présence de l'Esprit Saint en lui. En fouillant dans mes archives, j'ai retrouvé les intentions de prières que nous avions chantées à la messe de Noël, le 25 décembre 1999, dans une messe dite par l'Abbé Kanyinda en l'absence de Sœur Anto,

Refrain :   *Ô Seigneur, Ecoute et Prends Pitié !*

Pour la Noël que Tu nous donnes de célébrer ce jour, Pour que l'Enfant Jésus renaisse en chacun de nous, Seigneur nous te prions.

Pour que vive à jamais ton Eglise sainte, Pour qu'en elle nous recevions toutes tes grâces, Seigneur nous te prions.

Et tes pasteurs : le Pape, les Evêques et les Prêtres, Pour que ton Esprit Saint les guide dans leur sacerdoce, Seigneur nous te prions.

Pour ta servante la Sœur Anto qui aurait pu être des nôtres aujourd'hui, Pour qu'elle traverse son épreuve en ta compagnie, Seigneur nous te prions.

Pour nos épouses, nos enfants et tous nos biens, Pour que les fêtes se passent dans la paix que tu apportes, Seigneur nous te prions.

Pour les autorités politiques, militaires et judiciaires de notre pays, Pour que ta justice divine naisse ce jour dans leurs cœurs, Seigneur nous te prions.

Pour les victimes de la guerre, les malades et tous les abandonnés, Pour que tu marques leur désert par ta sainte présence, Seigneur nous te prions.

Pour nous tous ici rassemblés, unis dans nos cœurs et dans nos esprits, Que la sainte Eucharistie comble nos attentes, Seigneur nous te prions.

Titre 5

> « *C'est pourquoi je vous dis :*
> *Tout ce que vous demandez en priant,*
> *Croyez que vous l'avez reçu,*
> *Et cela vous sera accordé.* »
> (Marc 11, 24)

Dimanche le 1er août 1999, je convoquai une réunion du Conseil de l'Aumônerie pour discuter du projet d'une neuvaine à l'occasion de la solennité de l'Assomption. Nous nous mîmes d'accord là-dessus ainsi que sur le calendrier et la procédure. Tel que convenu, du 6 au 14 août, nos journées de prière se passeraient de la manière suivante :

- 7 heures : prière du matin,
- 12 heures : chapelet,
- 17 heures : chemin de la Croix.

Sous la direction du frère Baudouin, on se partageât les rôles de conduite des différentes séances mais il restait qu'on s'accordât sur l'intention principale de prière. Je leur fis la proposition suivante :

- Chers frères, je vous crois d'accord avec moi que le Seigneur nous a donnés tous les signes possibles de notre prochaine libération. Ainsi donc, je pense qu'il nous faut maintenant lui rendre grâce et l'adorer pour cette merveille qui est presque déjà accomplie et dont nous n'attendons que la manifestation glorieuse.

Depuis un certain temps en effet, nous avions comme impression que des gens se mobilisaient pour réclamer la libération des détenus politiques à travers tout le pays : la Commission des Droits de l'Homme de l'ONU, la Croix Rouge Internationale, la Voix des Sans Voix, l'Association Africaine des Droits de l'Homme, etc. On disait même qu'une loi d'amnistie générale venait d'être signée afin d'apaiser les allures fulgurantes des rebelles qui sévissaient à l'est et au nord du pays. Dans l'entretemps d'ailleurs, des délégations officielles s'étaient succédées soit pour nous recenser, soit pour constituer des dossiers judiciaires en plus bonnes formes, soit pour s'enquérir des cas des différents groupes de détenus,... et quelques vagues de libération avaient déjà eu lieu ... de sorte que, de près de mille détenus, nous n'étions plus restés qu'à plus ou moins cent cinquante.

Le frère Miko demanda la parole.

- Président, nous sommes bien d'accord que le Seigneur a déjà exaucé nos prières. Mais comme tu viens de le dire, cela ne s'est pas encore matérialisé, du moins pour nous qui sommes encore ici. A mon avis, nous ne perdrons rien en insistant davantage sur notre demande, jusqu'à la matérialisation de nos attentes ! Je pense plutôt qu'en plus d'action de grâce et de l'adoration, nous devons aussi continuer d'insister sur la demande de notre libération effective.

Visiblement, je constatai que toute l'assistance appuyait la proposition du frère Miko. Nous décidâmes alors que l'intention principale de notre neuvaine sera de demander à Dieu notre libération effective. Nous conclûmes notre réunion par une courte prière comme à l'ouverture et nous nous séparâmes.

A mon office du soir, cependant, seul dans ma cellule, je priai Dieu en ces termes:

« Seigneur, je te rends grâce pour toutes les fois que tu me donnes d'entrer en communion avec toi par la puissance de ton Esprit. Je te remercie pour le plan que tu nous traces dans l'organisation de notre prochaine neuvaine de prière et pour l'adhésion de toute la communauté. Je te loue, Seigneur, pour l'intention principale que tu nous as inspirée. Je crois cependant, Seigneur mon Dieu, que tu as déjà ordonné notre libération et que sa matérialisation n'est plus qu'une question de temps. C'est pourquoi je te prie, O mon Dieu !, que tu daignes me faire la faveur de me dire pendant cette neuvaine, la date exacte de note libération. Je t'en rendrai grâce, Seigneur, et je proclamerai ta louange au milieu de mes frères, par Jésus le Christ mon sauveur, Amen »

Comme convenu, la neuvaine commença vendredi le 6 août 1999 et suivait son cours sans atermoiement.

J'avais l'habitude de terminer mes journées par des cents-pas dans l'enceinte même de la prison, en longeant le couloir rectangulaire autour du bâtiment du milieu, et parcourant toutes les cellules. C'était les moments où les autres pensionnaires avaient l'habitude de s'assembler par groupes, discutaillant ou partageant un quelconque divertissement. Ces cents-pas étaient aussi pour moi les moments où je développais divers sujets dans mes pensées: l'organisation des activités de l'Aumônerie, une prochaine intervention orale ou écrite, une prochaine correspondance à adresser à ma famille, ou simplement des spéculations sur des projets d'avenir. C'était des moments très accaparants en ce que je n'arrêtais pas tant que je n'avais pas fini le cours de mes idées. Je pouvais donc passer comme ça deux à trois heures à tournoyer, comme un fou pour certains, comme un bon pasteur pour d'autres, jusqu'à l'épuisement physique parfois.

Un soir, de passage devant un petit attroupement, j'entendis quelqu'un parler d'un rêve qu'il avait eu la veille. N'ayant pas pu bien le saisir, je me résolus de lui rendre visite plus tard dans sa cellule, pour satisfaire ma curiosité. Il s'appelait Capitaine Dem ; il était prêtre, responsable de l'Eglise Néo-Apostolique.

-   Frère, lui dis-je en entrant chez lui, en faisant mes cent-pas tout à l'heure, je crois t'avoir entendu parler d'un rêve que tu aurais eu récemment, serait-il un dérangement si je te demandais de m'en parler un peu ?

Se relevant de son lit où il s'apprêtait à dormir, il me répondit d'un air plutôt satisfait de mon intéressement à ce sujet.

-   Oui, frère président, la nuit dernière, j'ai eu un songe assez drôle. Un homme se tenait au pied de mon lit et me disait : « je te dis que vous sortirez d'ici le mardi 31 ». Je sursautai de mon sommeil pour voir qui c'était, et je ne vis personne. Une deuxième fois, la même personne revint me redire la même chose. Une fois de plus je sursautai, j'allumai la bougie et je vérifiai sur le calendrier pendu au mur s'il y avait un mardi 31. Me disant d'avance que le mois d'août en cours ne devait pas être concerné, je parcourus le calendrier de septembre à décembre sans rien trouver. Je me rendormis. Mais la même personne revint une troisième fois en criant presque sur moi : « je te dis que vous sortirez d'ici le mardi 31 et tu ne veux pas me croire ? ». Je me réveillai complètement cette fois-là. Je rallumai la bougie et me mis encore une fois à ausculter le calendrier, cette fois à partir du mois d'août 1999, et voici que le 31 août tombait un mardi. Je tremblais de peur en me demandant si cela pouvait bien être vrai. Je me suis mis à prier sans relâche jusqu'au matin. Voilà, frère, voilà ce que j'ai vécu la nuit dernière.

- Frère, repris-je, sais-tu que la communauté catholique est en prière spéciale en ce moment ?

- Je le sais, acquiesça-t-il. Je sais que vous êtes en neuf jours de prière en préparation de votre fête dédiée à la Vierge Marie.

- Eh bien, frère, nous sommes effectivement en prière, et pendant que l'intention principale de la communauté est de demander à Dieu de nous sortir de cette prison, moi je demande particulièrement à Dieu de me dire la date exacte de notre sortie. Je suis convaincu que ton rêve est la réponse de Dieu à ma demande. Toi, autant que moi, tu conduis une communauté de prière chrétienne. Nous sommes tous les membres du Christ. En te parlant, le Seigneur m'a parlé, qu'Il soit loué. C'est pourquoi je voudrais te faire une proposition. Je crois que Dieu veut nous montrer par-là que cette prière ne doit pas être l'affaire des catholiques seuls. Je propose que nous parlions aux dirigeants d'autres communautés pour l'organisation des prières œcuméniques jusqu'au mardi 31, dans l'attente de l'accomplissement de cette promesse de notre Dieu.

- Je ne peux qu'en être d'accord, président, mais penses-tu que nous serons capables de convaincre le Pasteur Fala ? Lui qui ne fait que s'opposer à toute idée qui ne vient pas de lui seul ?

- Parlons-en d'abord à ses diacres, Marcel et Samba, lui dis-je presque convaincu de l'aboutissement de notre démarche.

Le lendemain matin, je fis part de cet entretien au Conseil de l'Aumônerie Catholique qui agréa immédiatement l'idée de l'organisation d'une prière œcuménique, du samedi 21 au lundi 30 août.

Tout se passa merveilleusement bien. La neuvaine de la communauté catholique était clôturée le dimanche de l'Assomption et après une période de relaxation et de sensibilisation, la prière œcuménique débuta le 21 août, comme prévu. Nous nous retrouvions chaque jour, toutes les communautés de prière : catholiques, protestants, néo-apostoliques et kimbanguistes, dans la chapelle protestante, matins et soirs, pour une grande prière, avec jeûnes. Lundi le 31 soir, la prière se tint dans la cour, en plein air. Ce fut véritablement une grande prière. Malgré la fatigue des jeûnes, tout le monde chantait et dansait avec vigueur. Les kimbanguistes avaient pu faire venir un tam-tam, ce qui ajouta encore de la chaleur à la fête. Le modérateur principal, Pasteur Fala, n'était plus le même ; lui qui s'affichait toujours comme traditionaliste, se révéla ce jour comme un vrai charismatique. On donna la parole à chaque responsable de groupe. Il y eut une vraie communion des esprits. On clôtura la prière par l'annonce de la fin du jeûne, en recommandant que la communauté doive rester en état de prière jusqu'à l'accomplissement de la promesse de Dieu... Et la vie reprit son cours normal.

Une semaine après, des murmures commencèrent à gagner la communauté : « *Voyez-vous le mensonge de vos prieurs ? Leur Dieu leur a promis la libération au 31 août ; où en sommes-nous à ce jour ? Quand je pense qu'ils nous ont même imposés des jeûnes alors que nous avions besoin de ce peu de nourriture pour notre survie et notre énergie ! Ah, c'est regrettable.* »

Ces murmures parvinrent jusqu'à moi et j'en fus plein de remord. A la fin d'une prière du matin à la chapelle catholique, je m'adressai à l'assistance :

- Je suis peiné d'apprendre que certains d'entre nous murmurent et boudent, dénonçant une fausse promesse de Dieu après notre dernière série de prières. Je vous confirme, quant à moi, la conviction que cela ne peut être une fausseté. Je suis convaincu que c'est Dieu qui nous a donné cette date et qu'il doit l'avoir réalisée. Nous devons cependant retenir que les dates de Dieu ne sont pas nécessairement et exactement les mêmes que celles des hommes. Par nos murmures et nos doutes, nous risquons d'offenser Dieu par notre incrédulité. C'est pourquoi, à votre nom, j'ai décidé de me retirer pour trois jours de jeûnes et prière, afin de demander pardon à Dieu et le prier de ne pas retirer sa promesse. Pendant trois jours, je garderai ma cellule la journée. Je n'en sortirai que la nuit pour me soulager. Je ne mangerai pas d'aliments cuits, je ne m'efforcerai pas non plus d'en chercher. Celui d'entre vous qui aurait la grâce d'attraper un fruit ferait œuvre utile en m'en réservant une portion. Priez pour moi, chers frères, pour que le Seigneur exauce mon sacrifice.

Ceci se passe le matin du lundi 6 septembre 1999. Je devais donc commencer mon programme dès ce soir-là, afin de garder ma cellule les journées du 7, 8 et 9 septembre. A ma prière du soir, le Seigneur m'inspira ce texte d'Ezéchiel 37, 12 – 14 :

« Eh bien, prophétise ! Tu leur diras : Ainsi parle le Seigneur, l'Eternel : Voici que j'ouvre vos tombes et que je vous ferai remonter de vos tombes, ô mon peuple, et je vous ferai revenir sur le territoire d'Israël. Vous connaitrez que je suis l'Eternel, lorsque j'ouvrirai vos tombes et que je vous ferai remonter de vos tombes, ô mon peuple ! Je mettrai mon Esprit en vous, et vous vivrez ; je vous rétablirez sur votre territoire, et vous reconnaitrez que moi, l'Eternel, j'ai parlé et agi – oracle de l'Eternel ».

Ce fut là une raison de plus de ma conviction que le Seigneur continuait à me parler. La même nuit, je me précipitai vers la cellule de mon second, Capitaine Simon, à qui je demandai de recommander ce passage à la méditation de la communauté catholique pendant la durée de ma retraite. Ce qui fut fait.

Jeudi le 9.9.1999, j'étais étendu sur mon plancher-lit après ma prière de midi quand j'entendis soudain comme du tumulte dehors. Les gens semblaient courir de partout, lançant des cris indescriptibles. Puis j'entendis quelqu'un battre très violemment la porte métallique de ma cellule : «Boum !, boum !, boum ... président ! président ! nous sommes libérés ! nous sommes libres ! libres ! libres ! nous sommes libres !!!!... ». Je reconnus la voix de l'Adjudant Kissi.

- Que se passe-t-il ? Je me demandais au fond de moi-même.

Je me rallongeai dans mon lit, pendant que les bruits continuaient dehors puis,... silence. Alors, quelqu'un vint toquer doucement la porte de ma cellule :

- Ouvre-moi, frère Athanase, c'est moi, Vital.

J'ouvris la porte et laissai entrer le visiteur qui renchérit :

- Ne te fatigue pas de prier, frère, le Seigneur t'a exaucé. Aujourd'hui c'est notre tour, le vôtre ne manquera pas de venir bientôt. On vient d'annoncer le départ de neuf personnes et je suis du nombre. Tout ceci arrive grâce à tes prières, et je ne pouvais partir sans te dire au revoir. A bientôt, frère, à très bientôt !

Il avait les yeux pleins de larmes en franchissant la porte de ma cellule, ce Major Vital. C'est depuis longtemps qu'il rêvait de ce jour. Oui, pendant que la plupart d'entre nous attendaient patiemment le jour de la sortie, Vital se battait pour cela. Il tenait à ne rater aucune des occasions. Avant celle-ci, il y eut d'abord le groupe de Djo-Djo, ensuite celui des enfants soldats (kadogos) et tous les soldats de rang ex FAZ qui furent libérés, sans lui. Il devait vraiment être aux anges, tant il y avait de quoi.

A la tombée de la nuit je sortis de ma cellule. C'était d'ailleurs le dernier jour de ma retraite. Je demandai de voir mon second, Simon. On me dit qu'il était de ceux qu'on venait de libérer. Je partis alors chez son frère, le capita général, un autre Simon.

- Comment ça va, CG ?
- Bien ! Et toi ? Président,
- Très bien, merci.
- Félicitation hein, et courage ! pour ce sens de sacrifice et cette forte spiritualité ! Je crois que Dieu est en train d'exaucer tes prières, nous sortirons bientôt de cet enclos, j'en suis sûr.
- Dis-moi, que s'est-il passé ici la journée ? m'empressai-je de m'en enquérir.
- Une délégation est venue de Lubumbashi ce matin avec une liste établie par le ministre de la Justice à Kinshasa, mais seules neuf personnes ont été autorisées de quitter la prison.
- Pourquoi dis-tu que seules quelques-uns ont été autorisés ? La liste était-elle plus longue que cela ?
- D'après l'entretien que j'ai eu avec le directeur de la prison qui avait personnellement vu le document, la liste venue de Kinshasa contenait tous nos noms. C'est peut-être au niveau de Lubumbashi qu'un tri a été opéré et seuls neuf noms ont été soulignés à l'encre fluorescente. Et... d'après le directeur, le ministre de la justice a signé cette liste le mardi 31 août 1999.

Titre 6

> *« Et le même jour il donna un signe en disant :*
> *Voici le signe (du fait) que l'Eternel a parlé...»*
> (1 Rois 13, 3)

Depuis un certain temps, Rita, mon épouse, n'arrêtait de me rappeler dans ses correspondances qu'elle tenait à me rendre visite. Au début, je n'osais croire à la possibilité d'un tel voyage. La distance entre Kinshasa et Lubumbashi est de plus ou moins deux milles kilomètres à vol d'oiseau et le coût du voyage aller et retour par le seul moyen possible, l'avion, était de près de six cents dollars américains selon les informations en notre possession. Ensuite, il fallait faire 120 km de route entre Lubumbashi et Likasi où nous nous trouvions. Non seulement qu'un tel voyage me paraissait dépenser, je le trouvais aussi un peu périlleux pour une femme, et je pensais qu'en cas d'ultime nécessité, elle devrait plutôt déléguer soit un de ses frères, soit un des miens.

Mes hésitations et mes calculs ne purent cependant pas la retenir. Elle effectua ce voyage vers la fin du mois de janvier 2000, en compagnie de Noëlla, notre fille cadette. Noëlla n'avait que trois mois au moment de mon arrestation en mars 1998 et, c'est vrai, c'était une grande joie pour moi de la revoir près de deux ans après. Rita semblait avoir le moral malgré la fatigue du voyage. Elle a dû attendre deux semaines à Lubumbashi la personne qui devait les accompagner à Buluwo, et le voyage par route a été un peu long par rapport aux courts trajets intra urbains auxquels elle est habituée à Kinshasa. Elle a gardé sa beauté, mais je pouvais voir qu'elle était physiquement ruinée par ma longue absence. Sensiblement amincie, elle avait perdu de son éclat.

Par la grâce de Dieu, elles ont pu être logées chez le directeur adjoint de la prison juste au-delà du mur de la prison, et elle reçut l'autorisation de me voir deux fois par jour. Ainsi donc, pendant son séjour, elle m'apportait deux repas, le petit-déjeuner le matin et le déjeuner les après-midi, que je partageais avec des frères, surtout avec Baudouin. C'était là les meilleurs moments de mon séjour en cette prison. Spirituellement, j'étais au plus haut niveau de la foi jamais expérimentée à aucun autre moment de ma vie et la présence de Rita et Noëlla me replongeait quelque peu dans une ambiance familiale.

Rita me contait au fil des jours les nouvelles de ma famille, de sa famille, de nos amis et de la Communauté Famille Chrétienne. Elle m'apprît le décès brusque du Frère Maubert, président de la Commission d'Evangélisation au moment de mon arrestation. Cette nouvelle m'affecta énormément car j'avais appris à aimer et à admirer ce frère dans le cheminement de sa foi, et rien à mon départ ne présageait d'un tel revirement de sa santé. C'est sous sa conduite que la Commission d'Evangélisation commençait à se structurer comme un corps et à prendre de l'ampleur au sein de la Communauté. Vieux compagnon d'enfance d'un cousin, il avait grandi dans les conditions familiales semblables aux miennes, dans la maison de ses oncles. Presqu'autant, la nouvelle des souffrances physiques du frère Kasongo 1, notre premier berger de Noyau à l'adhésion de mon couple dans la Communauté, a suscité en moi beaucoup de compassion. Mais dans l'ensemble, c'était très beau de revivre Kinshasa dans mon cœur !

La visite de Rita me permît aussi d'avoir l'occasion de contempler régulièrement et plus sereinement la nature au-delà de l'aire étroite et monotone du quartier de nos cellules. A chacune de ses visites, on m'appelait pour la rejoindre au bâtiment administratif situé dans le domaine de la prison, certes, mais au-delà de la grille de sécurité qui barricadait notre petit carré. Avant sa visite, je n'accédais à cet espace que quand, à ma demande, on me listait dans l'équipe de ceux qui de temps en temps allaient chercher du bois de chauffage dans la brousse. Le privilège d'accès à ce territoire n'était accordé qu'au capita général et à son adjoint.

Il en fut ainsi ce jour où le directeur de la prison vint personnellement me faire signe que Rita était à son bureau. Je partis à sa rencontre et pris mon repas du jour en m'amusant avec Noëlla dont la méfiance du début s'atténuait peu à peu. A la fin, Rita me réclama les assiettes de la veille, que je gardais encore dans ma cellule. Je me levai aussitôt et m'approchai de la grille, l'enfant entre mes bras. Pendant que nous attendions que le gardien vienne ouvrir, l'attention de Noëlla fut attirée par le gros cadenas qui bouclait l'énorme chaîne attachée à la grille en vieux métal. Elle allongea son bras droit et se mit à palper de sa main le cadenas et la chaîne. De l'autre côté de la grille se tenait un frère, diacre de la communauté protestante, qui nous observait. Tout souriant, il me dit :

- Président, est-ce que tu vois les gestes de ta fille ? Crois-moi, président, aujourd'hui, l'ange de Dieu est venu briser ces chaînes.
- Ainsi soit-il ! lui rétorquai-je.

J'avançai vers ma cellule, pris les assiettes et en ressortis, l'enfant toujours dans mes bras, attirant naturellement la curiosité et un flot de commentaires des autres pensionnaires, très amusés par cette présence inouïe d'une mouflette dans ce périmètre.

Rita et Noëlla restèrent à Buluwo environ deux semaines. En plus de la provision alimentaire consommée pendant leur séjour, Rita me déposa d'autres produits dans le congélateur du directeur : de la viande et du poisson, et elle me remit un sac de riz de cinquante kilos ainsi que quelques autres effets de ménage et un peu d'argent pour subsister quelques trois mois après, le temps pour elle de refaire d'autres économies. Avec Baudouin, nous fîmes entrer les colis pour les entreposer dans ma cellule, offrant encore une fois un spectacle délectant aux autres. Oui, depuis notre séjour, jamais un repas de riz n'avait été servi au réfectoire, même aux meilleurs moments des services de la Sœur Anto. Et du coup, je me sentis interpellé : *«Que penseront mes frères en voyant ainsi entrer tout un sac de riz dans la cellule du président, alors qu'ils n'en avaient pas mangé un seul grain depuis deux ans ? »*. Cela devenait une préoccupation.

Le lendemain, à la fin de la prière du matin, je retins l'assistance dans la salle et demandai au frère Baudouin d'organiser le partage du riz : une mesure pour chaque chrétien catholique, cinq mesure pour le Pasteur Fala à distribuer à la communauté protestante, trois mesures pour les kimbanguistes et deux pour les néo-apostoliques. A la fin du partage, il me resta moins du tiers du sac, que je devais consommer sagement pendant trois mois, selon la recommandation de Rita.

En faisant mes cents-pas vers la fin de la journée, parcourant différents groupes assemblés autour des divertissements habituels, c'est à peine que d'aucuns s'empêchaient de me faire des éloges :

- Qui pouvait croire que je mangerais un jour de mon repas préféré dans cette prison ? Lançait allègrement un frère rwandais.
- Ceci est certainement un signe réel que je sortirai bientôt d'ici. Dieu a bien voulu m'épargner du choc que ça m'aurait fait de goûter encore au riz à ma sortie de prison. Qu'Il soit loué ! Chuchotait un vieil officier ex FAZ.

La joie se lisait sur bien de visages ce jour-là, et plusieurs s'organisaient pour cuire leurs portions en groupe, afin d'en épargner pendant une certaine période.

La veille du retour de Rita, j'écrivis quelques lettres à ma famille et elle s'étonna de ce qu'il n'y en avait pas pour le Berger de la Communauté Famille Chrétienne.

- « Ne me laisse pas partir sans une lettre pour la Communauté, me supplia-t-elle. Les frères et sœurs prient beaucoup pour toi et c'est d'eux que je reçois le soutien moral le plus fort. »

Pour l'apaiser, je rentrai dans ma cellule pour griffonner quelque chose, sans savoir exactement ce que je pouvais dire. J'adressai la lettre au Frère Léon Botolo, Berger de la Communauté.

« … *Par la grâce de Dieu, je me porte merveilleusement bien. Le Seigneur a accompagné chacun de mes pas depuis les premiers instants jusqu'à ce jour. Et mon bonheur, c'est en fait de réaliser chaque jour cette présence mystérieuse de Dieu à côté de moi, au milieu de tant de moments d'angoisse et de désespoir. Tu ne pourras peut-être pas croire si je te dis que j'aime vraiment me retrouver ici, avec le Seigneur. Et ma prière de chaque jour n'est plus faite que d'action de grâce, de louange et d'intercession pour les autres, afin que Dieu les aide à découvrir la même joie, le même amour du Seigneur, la même paix.*
J'ai appris que la Communauté a beaucoup grandi. Je loue le Seigneur qui est le vrai Berger de cette famille. Je recommande à tous les frères (et sœurs) de lire et méditer Actes 20, 7-12 afin qu'ils ne se comportent pas comme le jeune Eutychès. Car moi aussi, j'étais comme Eutychès. J'avais mon cœur dans la Famille Chrétienne, mais mon corps

était quelques fois ailleurs. C'est par amour pour moi que le Seigneur m'a isolé pour me tirer les oreilles (proverbes 3, 11-12) et m'apprendre à mieux Le servir (voir livre de Jonas). Et le Seigneur le fait d'une manière si merveilleuse, si tendre, que je me crois un prince en villégiature dans la jungle.
Que le Seigneur daigne me donner la grâce d'en rendre témoignage un jour, au milieu de mes frères... »

(---------)

Dimanche le 19 mars 2000, l'abbé Kanyinda vint pour notre habituelle messe dominicale. Tout était en place, tout était prêt ; seule la Sœur Anto manquait au rendez-vous, frappée par une énième interdiction des autorités de mettre ses pieds dans la prison.

Les chants du jour étaient choisis par le frère Baudouin et c'est moi qui dirigeais la chorale. Un fait particulier me marqua ce jour-là. Depuis le début jusqu'à la fin de la messe, les larmes me coulaient constamment des yeux. J'eus beau les retenir mais en vain. Ça commençait même à me gêner, si bien que j'essayais de mon mieux d'éviter les regards de l'assemblée. Curieusement et comme par contagion, je constatai quelque temps après qu'il en était de même avec le frère Moses, puis Evariste. Drôle ! Très drôle ! Et à la fin de la messe, Monsieur l'Abbé s'exclama :

- Je me demande si vous aussi aviez les mêmes sensations que moi pendant cette célébration eucharistique.

Du coup, j'eus le pressentiment que tout cela n'était pas du hasard. L'Esprit de Dieu doit nous avoir visités, certainement pour nous apporter une bonne nouvelle. C'est d'ailleurs la même insinuation que Monsieur l'Abbé fit à sa sortie de la prison quand je le raccompagnais.

Ce sujet occupait le gros de notre temps, et l'attention de plusieurs d'entre nous était désormais braquée sur la grille. La télé et la radio diffusaient des nouvelles et images de quelques libérations à Kinshasa puis à Lubumbashi, si bien qu'un moindre cliquetis à la grille faisait immédiatement penser à une visite bienfaisante.

Et oui ! Et voici que vendredi le 24 mars 2000, en plein milieu d'un jour ensoleillé, on sonna le rassemblement. Une forte délégation conduite par le ministre de la Justice et le président de la cour d'ordre militaire était là. Dans la délégation se trouvait un de mes cousins, lieutenant de la justice militaire, qui me fouilla dans la foule pour finalement me souffler à l'oreille : «*Nous sommes venus vous chercher. Dès que tu te retrouveras dehors, détache-toi du groupe et rejoins-moi dans mon véhicule. C'est chez moi que tu logeras car on n'a pas prévu d'hébergement pour vous à Lubumbashi.* ». Nous étions près de quatre-vingts personnes à quitter la prison en cette circonstance-là.

On atteignit Lubumbashi en début de soirée et je fus hébergé par le cousin et sa très gentille épouse jusque lundi matin quand enfin le cousin m'obtint une place dans un cargo de l'armée en partance pour Kinshasa. Pour être sûr de ne pas rater ce vol qui était annoncé pour midi, le cousin me demanda d'être à l'aéroport à dix heures au plus tard. Mais, c'est seulement vers 23 heures que l'avion a pu décoller, pour atterrir à Kinshasa au-delà de minuit. J'arrivai donc à la maison aux petites heures du mardi 28 mars, comme un fantôme.

Trois mois plus tard, après un processus affectueux de ma réintégration et dans la société et dans la Communauté, le Berger de la Communauté Famille Chrétienne m'invita à témoigner de mon expérience en prison dans une veillée de prière rassemblant les responsables de la communauté le vendredi 16 juin 2000 au Centre Cana, siège de la Communauté. Ce fut un autre grand jour de ma vie ! J'introduisis mon exposé par le Psaume 117 (Action de grâce au Temple, pour le salut accordé)

Rendez grâce au Seigneur : il est bon !
Eternel est son amour !
Oui, que le dise Israël :
Eternel est son amour !
Que le dise la maison d'Aaron :
Eternel est son amour !
Qu'ils le disent, ceux qui craignent le Seigneur :
Eternel est son amour !

Dans mon angoisse j'ai crié vers le Seigneur,

Et lui m'a exaucé, mis au large.
Le Seigneur est pour moi, je ne crains pas ;
Que pourrait un homme contre moi ?
Le Seigneur est avec moi pour me défendre,
Et moi, je braverai mes ennemis.
Mieux vaut s'appuyer sur le Seigneur
Que de compter sur les hommes ;
Mieux vaut s'appuyer sur le Seigneur
Que de compter sur les puissants !
Toutes les nations m'ont encerclé :
Au nom du Seigneur, je les détruis !
Elles m'ont cerné, encerclé :
Au nom du Seigneur, je les détruis !
Elles m'ont cerné comme des guêpes :
(- ce n'était qu'un feu de ronces -)
Au nom du Seigneur, je les détruis !
On m'a poussé, bousculé pour m'abattre ;
Mais le Seigneur m'a défendu.
Ma force et mon chant, c'est le Seigneur ;
Il est pour moi le salut.

Clameurs de joie et de victoire
Sous les tentes des justes :
« Le bras du Seigneur est fort,
Le bras du Seigneur se lève,
Le bras du Seigneur est fort ! »

Non, je ne mourrai pas, je vivrai
Pour annoncer les actions du Seigneur :
Il m'a frappé, le Seigneur, il m'a frappé,
Mais sans me livrer à la mort.

Ouvrez-moi les portes de la justice :
J'entrerai, je rendrai grâce au Seigneur.
« C'est ici la porte du seigneur :
Qu'ils entrent, les justes ! »
Je te rends grâce car tu m'as exaucé :
Tu es pour moi le salut.

La pierre qu'ont rejetée les bâtisseurs

Est devenue la pierre d'angle :
C'est là l'œuvre du Seigneur,
La merveille devant nos yeux.
Voici le jour que fit le Seigneur,
Qu'il soit pour nous jour de fête et de joie !

Ensuite, leur ayant repris en résumé les circonstances dans lesquelles j'avais été arrêté, mon attitude aux interrogatoires et comment le Seigneur y avait mis ses paroles dans ma bouche, le séjour au GLM puis le voyage et l'arrivée à Buluwo, je leur étalai en détails les grandes leçons que je tirais de cette expérience : la recherche de la volonté de Dieu et la soumission à celle-ci, l'humilité, la patience, la persévérance dans la prière, le respect de la dîme, le partage, et le bonheur d'avoir une Femme.

En effet, Rita a été pour moi un soutien et une assurance dont je n'ai pu mesurer la véritable portée qu'à mon retour à la maison. Déjà avant ma déportation, elle respectait rigoureusement le calendrier des visites qu'elle s'était établi elle-même, en s'efforçant de m'amener quelques fois les enfants, même le bébé. Pendant mon séjour à Buluwo, toutes mes demandes étaient satisfaites ; elle n'hésitait de répondre à aucune de mes nécessités au point qu'elle se fit même rouler plus d'une fois. Elle a enduré l'épreuve de la séparation, alors que certains de mes anciens compagnons trouvèrent leurs épouses parties avec d'autres hommes. Elle a bien gardé les enfants que j'ai trouvés en parfaite santé, bien vêtus et réguliers à l'école. Elle a bien gardé nos biens ; seul un poste de télévision encombrant a été cédé à un parent. En femme prévoyante et pour se faire des économies, elle a dû s'engager dans l'activité commerciale. Je l'ai retrouvée à la maison, et avec une économie en main. Elle avait les félicitations de ma famille et des frères de la Communauté.

Et je leur fis part de la façon dont le Seigneur me couvrît de son manteau, me gardant comme la prunelle de son œil, me parlant et me fortifiant dans ma réponse à son appel, au service de son peuple, nonobstant mes faiblesses et mes incorrections.

Titre 7

« Ceux qui sèment dans les larmes,
Moissonnent dans la joie. »
(Psaume 126, 5)

Un soir, après une prière de Noyau dans la maison du couple Berger Kasongo 2 à Binza-Ozone, le Berger profita du moment de l'agapè pour me transmettre un message.

- Frère, me dit-il, nous étions dernièrement en réunion de prière au nouveau Noyau de MBUDI[24] et, après la prière, un monsieur qui assistait à cette rencontre spirituelle pour la première fois demanda la parole pendant les divers pour nous dire:

- « J'étais de passage sur la rue quand je vous ai entendu prier à haute voix. J'ai demandé à un passant qui m'a informé que vous êtes de la Communauté Famille Chrétienne. J'ai alors tenu à saisir cette occasion pour non seulement prier avec vous mais surtout pour rendre témoignage et ensuite vous demander un service ».

Après lui avoir accordé la parole, le monsieur continua :

- « Je m'appelle Evariste, Colonel Evariste. Tel que vous me voyez, je viens de sortir de la prison de très haute sécurité de Buluwo où plusieurs de mes compagnons d'infortune ont laissé leur vie. Je ne peux pas vous décrire ici la misère et les angoisses que j'aie connues dans cet endroit. Mais je voudrais vous dire que là-bas, j'ai rencontré un de vos frères, Athanase. Cet homme est un saint ! C'est lui qui m'a réappris, comme à mes premières années de catéchèse, à prier Dieu, à chanter pour Dieu, à lire la Bible et la méditer. C'est lui qui m'a conduit jusqu'à la capacité de me tenir devant des frères pour une exhortation biblique. Grâce à lui, j'ai eu à faire un serment à mon Dieu car, par sa grâce et malgré toutes les oppositions des autorités politiques et militaires, un prêtre avait fini par être autorisé à venir nous célébrer l'Eucharistie. Et comme j'avais tant envie de

---

(24) **Mbudi** : un quartier de la périphérie de Kinshasa

communier alors que je n'en avais pas droit, le prêtre me l'avait accordé après confession des péchés, avec recommandation de régulariser ma situation dès ma sortie de prison. Voilà donc, chers frères, le tracas dans lequel je me trouve. Aidez-moi à retrouver votre frère, mon jeune frère Athanase ! Par lui, le Seigneur a accompli beaucoup de merveilles pour nous là-bas. C'est lui qui m'a initié sur cette voie, qu'il revienne achever le travail qu'il a commencé. »

Et le Berger Kasongo de commenter :

- « Le monsieur a dit beaucoup de bonnes choses sur toi, frère, qui confirment ce que tu avais dit dans ton témoignage. Voici son numéro de téléphone. Appelle-le. Ça lui fera un grand plaisir. Mais déjà, je l'ai mis en contact avec d'autres frères du Noyau pour le suivi de sa situation. »

Un matin de samedi, alors que je travaillais dans mon bureau à la maison, mon fils vint m'annoncer une visite.

- « Papa, me dit l'enfant, il y a quelqu'un qui te cherche. Il dit qu'il est ton grand-frère. Il s'appelle Evariste. »

- « Ok ! J'arrive, repris-je. »

L'enfant l'avait déjà conduit jusqu'à la véranda. Je l'introduisis au salon après une chaude, très chaude accolade. C'était la joie des retrouvailles. Il avait très bonne mine, la même que celle de nos derniers jours en prison car, en fait, au fil du temps, nous avions presque tous réussi à établir des contacts avec nos familles et connaissances et grâce aux aides de la Croix Rouge Internationale, notre alimentation s'était sensiblement améliorée. Ajouté à cela la longue période d'oisiveté, beaucoup d'entre nous avaient pris du poids... Il était aussi bien habillé. Je lui demandai des nouvelles des autres compagnons, de sa famille ainsi que l'évolution de sa situation personnelle. Il me dit essentiellement que contrairement à nous autres, les civils, tous les militaires étaient astreints à répondre à une présence physique hebdomadaire à la cour d'ordre militaire en attendant d'hypothétiques affectations, et cela ressemblait quelque peu à une prolongation de leur incarcération. Je l'invitai dans l'entre-temps à table pour le petit déjeuner et enfin, il en vint au but de sa visite.

- « Te souviens-tu, petit-frère, du serment que j'avais fait à Dieu le jour de la première visite de l'Abbé Frans en prison ? » me questionna-t-il.
- « Oui, lui dis-je. Et Berger Kasongo m'a parlé des propos que tu leur as tenus dans une prière de Noyau. »
- « Voilà, renchérit-il. A mon retour à la maison, j'ai parlé de tous cela à mon épouse. Mais il se pose quelques problèmes. D'abord, je ne sais pas si c'est une imprudence que j'ai commise ! j'ai voulu profiter de ce temps pour lui demander pardon pour toutes les offenses faites avant ma conversion. Je lui ai cité entre autres des femmes que j'ai connues dans le temps parmi lesquelles ses sœurs et cousines, tu sais, c'était la mode dans nos milieux de l'époque ! Mais cela l'a plutôt irritée. Elle s'est fâchée et a rejeté catégoriquement mon offre de mariage religieux. Elle a même décidé de partir à Bangui, prétextant qu'elle voudrait y rendre visite à nos enfants dont nous avions confié la garde à son frère, un général de l'armée centrafricaine. Le deuxième problème, c'est qu'elle est kimbanguiste et elle ne veut pas entendre parler d'un mariage à l'église catholique.

Je l'observais attentivement pendant qu'il parlait et à la fin je lui dis :

- « Ne te décourage pas, Colonel. La bible nous dit : « Tout concourt au bien de celui qui aime Dieu ». Attache-toi au serment que tu as fait à ton Dieu et mets-y ta foi. Comprends la réaction de ton épouse comme celle d'une personne non-affermie dans la foi. Elle n'a pas encore compris la portée réelle de ta foi et peut-être qu'elle doute encore de la réalité de ta conversion. Mais ne crains rien, le Seigneur qui t'avait inspiré cette idée et qui l'entretient dans ton cœur t'aidera à aller jusqu'au bout de son œuvre. »

Avant de nous séparer, il déclara :

- « Moi, je continue de croire que mon vœu deviendra réalité un jour. Les frères du Noyau ne cessent de m'encourager et sont d'ailleurs déterminés à tout faire pour convaincre mon épouse. Mais je voudrais te demander une chose ; puisque c'est toi l'initiateur de tout ce projet, acceptes-tu de parrainer ce mariage dès qu'il sera rendu possible ? Je sais que cela peut paraître tout drôle ! J'ai plus de soixante ans et tu as l'âge de mon fils. Mais en spiritualité, tu es mon père. Daigne continuer ton travail. »

Nous nous séparâmes après une autre chaude accolade, et il revint me revoir plus d'une année après pour m'apporter les dernières nouvelles :

- « Tu sais, Athanase, mon épouse est de retour. Son frère a été arrêté dans les troubles qui ont lieu à Bangui en ce moment et peut-être tué. C'est ainsi qu'elle a décidé de ramener les enfants à Kinshasa pour les sécuriser. Elle est donc à la maison maintenant. Depuis lors, les frères du Noyau l'ont assiégée et elle a fini par céder. Je t'informe qu'elle a accepté le mariage religieux à l'église catholique et déjà, nous avons commencé la catéchèse de préparation au mariage à notre paroisse. Et le Curé voudrait que ça aille vite. Le seul problème que mon épouse a posé concerne notre habillement, surtout le sien, en la circonstance. »

Après avoir loué le Seigneur pour cette merveilleuse nouvelle, je lui répondis :

- « Sois sans crainte, Colonel, je prépare un voyage pour l'Afrique du Sud en ce moment (juillet 2002) et je ferai de mon mieux pour vous ramener ce dont vous avez besoin pour votre accoutrement. Demande-lui simplement quel type de tissu elle veut : un wax ? un métrage ? ou d'autres tissus du genre masculin ? »

Je pris soins de prendre tous les renseignements nécessaires avant mon voyage d'Afrique du Sud y compris la date probable des cérémonies. Celle-ci était fixée à la nuit de Noël 2002. Mais pendant mon voyage, j'apprendrai par téléphone que Frère Evariste était brusquement tombé sérieusement malade, qu'il avait perdu beaucoup de poids et que même la date de décembre 2002 était compromise. Je déciderai alors de ne rien acheter avant de m'enquérir de nouvelles réalités. Dès mon retour, je pris contact avec un frère de son Noyau, Ernest, qui avait décidé de suivre de près l'évolution de sa santé.

- « Frère, me dit-il, la situation est extrêmement critique ! Le médecin m'a confié qu'il s'agit d'une infection pulmonaire si maligne qu'il pourrait difficilement franchir le mois de février de l'année prochaine. J'en ai parlé au Curé qui a estimé qu'avec la taille qu'il a et surtout sa faiblesse physique, il n'est pas bon qu'on lui impose cette gymnastique maintenant. Il recommande que nous essayions de l'observer un peu et saisir l'opportunité d'un probable léger rétablissement car lui-même insistait et tenait à réaliser son mariage quel que soit son état. »

Les fêtes de Noël et Nouvel An passèrent donc sans le mariage de notre infortuné frère. Et un matin de janvier 2003, je reçus un coup de fil du frère Ernest, m'invitant à le rencontrer d'urgence. Il m'informa que l'état de santé du frère Evariste s'était légèrement amélioré et le Curé avait décidé d'en profiter pour lui administrer le sacrement de mariage. Pour l'épargner de beaucoup de mouvement, le mariage sera célébré à son domicile devant une assistance réduite, le soir du 16 janvier. Pour cela, il fallait apprêter les habits des mariés et quelques casiers de boissons pour les convives, le Noyau et la famille s'organiseront pour le reste.

Je revis le frère le lendemain avec un peu de sous pour l'habit de l'épouse et la boisson, et un ensemble prêt-à-porter pour le mari.
Nous nous retrouvâmes le soir du samedi 16 janvier 2003 à la résidence de la famille, Quartier Mbudi, pour la célébration du mariage. Ce fut une belle messe. La chorale était venue de la paroisse avec le Curé ainsi que les acolytes et tout le nécessaire. Frère Evariste était tout beau dans son costume. On me dit qu'il avait hésité de le mettre ce soir-là car le Curé lui avait dit que ce ne serait qu'une courte cérémonie de formalité en attendant la plus digne au meilleur moment ! Mais on le convainquit qu'il ne serait pas mal de remettre la même tenue au dit meilleur jour.

Pendant l'homélie, je fus frappé par l'admirable épithalame que le Curé y inséra à propos de la foi du frère en disant à-peu-près ceci :

- « ... Je ne connais pas sa vie passée, dit le Curé. On m'a dit qu'il était un puissant colonel de l'armée du Zaïre pendant qu'il construisait la maison dans laquelle nous nous trouvons. Ses voisins m'ont un peu parlé de lui. Mais je l'ai découvert depuis son retour de prison, depuis qu'il est venu s'installer ici. Il ne manque à aucune messe du matin, et je ne parle pas de celle du dimanche ! Son nom est sur toutes les listes de présence des rencontres de sa CEVB. Il y est tellement assidu que malgré son état de santé il a tenu à assister à une rencontre où la CEVB devait élire son Moyangeli[25]. Contre son attente et malgré sa plainte sur son état de santé, il a été élu à la tête de sa CEVB. Je suis donc fier de prendre part ce jour au mariage d'un digne fils de l'église... »

Pendant la Consécration, alors que j'étais fortement concentré dans la méditation, les yeux fermés, je vis la lettre « F » comme burinée en ciment gras, couleur blanche sur du noir épais, suspendue à plat dans l'espace. Cette image marqua fortement ma mémoire et m'interpellait chaque fois que j'y pensais, sans vouloir me convaincre de son interprétation.

La messe continua merveilleusement et la cérémonie se termina par un repas et quelques verres de bière et de boissons sucrées sans beaucoup de fantaisie, sous une forte pluie qui obligea l'assistance à s'abriter dans les différentes pièces de la maison. C'est seulement à la fin de celle-ci que l'assistance put quitter les lieux.

En l'absence de mon épouse, c'est la Sœur Tsumbu, Bergère de la Communauté Locale[26] Saint Cyprien de Binza Ozone, qui m'assista comme marraine.

Je me faisais beaucoup de souci pour la santé du frère Evariste par la suite, ce qui m'incitait à rappeler régulièrement le frère Ernest pour m'en enquérir. Et, un mois plus tard, le 17 février 2003, c'est le frère Ernest qui m'appelait au téléphone pour m'annoncer, qu'Evariste était décédé la veille, soit un mois jour pour jour après son sacrement de mariage. C'était triste ! Mais c'est alors que le fil de mes souvenirs transperça violemment mon cœur, élevant tout mon être à la louange du Seigneur, de lui avoir accordé la grâce d'une aussi bonne mort.

---

(25) **Moyangeli** : (en lingala) conducteur laïc d'une communauté ecclésiale vivante de base
(26) **Communauté Locale** : subdivision communautaire et administrative de la Communauté Famille Chrétienne.

Titre 8

« Pourquoi leur parles-tu sous forme de parabole ? »
(Matthieu 13, 10b)

En feuilletant, un jour de mon séjour en prison, le bulletin numéro 10 des annales de Sainte Thérèse de Lisieux (1972) offert par la Sœur Anto à l'occasion d'une journée commémorative de Sainte Thérèse de l'Enfant Jésus, je fus fasciné par le commentaire de Jean Lafrance sur la manière dont Sainte Thérèse concevait la longue épreuve de sa vie, où les ténèbres succédaient aux périodes de lumière.

« Sainte Thérèse, écrivit Jean Lafrance, a senti comme peu d'êtres sur terre, l'affreux goût du néant, l'apparente absence d'amour, un mur lui a dérobé pendant des mois, jusqu'à la mort probablement, la vue et le bonheur du ciel. En un mot, elle a vécu la déréliction de Jésus sur la Croix : 'Mon Dieu, mon Dieu, pourquoi m'as-tu abandonné' ? ... Au fond, quand Thérèse expérimente le néant, elle rejoint l'attitude de ces hommes et de ces femmes à qui Sartre prête la voix dans la prière : ''Le Diable et le Bon Dieu'' : 'Je suppliais, écrit Sartre, je quémandais un signe, j'envoyais du ciel des messages : pas de réponses. Le ciel ignore jusqu'à mon nom. Je me demandais à chaque minute ce que je pouvais être aux yeux de Dieu. A présent, je connais la réponse : rien. Dieu ne me voit pas, Dieu ne me connaît pas, Dieu ne m'entend pas. Tu vois ce vide au-dessus de nos têtes ? C'est Dieu. Tu vois ce trou dans la terre ? C'est Dieu. Tu vois cette brèche dans la porte ? C'est Dieu encore. Le silence, c'est Dieu. L'absence, c'est Dieu. Dieu, c'est la solitude des hommes. (10ème Tableau. Scène 4) »

Je suis revenu, plusieurs fois après, à la relecture de ce passage de ce bulletin que je garde jalousement avec moi depuis. Et, ce qui m'a encore plus imprégné dans le même texte, c'est l'interprétation ci-après que Jean Lafrance fait de cette citation de Sartre :

« Tout homme qui veut être fidèle au Christ
et l'aimer
doit traverser une ou plusieurs fois dans sa vie

ces zones de solitude, de silence et de désert.
Dieu doit creuser dans notre cœur
des zones d'absence
pour se rendre plus présent ».

Ces phrases vont et me reviennent régulièrement à l'esprit, autant que cet extrait de l'homélie d'un prêtre de l'église de Lubumbashi que je suivis de ma cellule, à la radio, à l'Avent de l'an 1999, qui disait à peu près ceci:

« ... Les chemins du Seigneur commencent toujours par le désert : Abram, lorsqu'il fut appelé par Dieu, a dû traverser le désert avant d'atteindre la terre lui promise ; les enfants d'Israël, à leur sortie de l'esclavage en Egypte, ont passé quarante ans dans le désert avant de rejoindre cette même terre héritée de leur père Abraham ; Jean le Baptiste, avant de commencer son ministère, a passé quarante jours et quarante nuits dans le désert ; de même pour Jésus, qui jeûna quarante jours et quarante nuits dans le désert, où il fut tenté par le diable ...avant de commencer sa vie publique »

Me souvenant ce jour de ces paroles fortes et profondes qui m'ont accaparé depuis, faisant de moi, presque, l'apôtre des éprouvés chaque fois que l'occasion m'en est offerte au sein de ma communauté, je me rends compte que quatre grands tableaux ont dessiné mon séjour dans cette prison de Buluwo.

Lorsque notre petite communauté catholique eut finalement pris une certaine forme, au Frère Baudouin revenait la responsabilité d'attribution des tâches journalières. C'est à lui que j'avais remis le calendrier pastoral, de sorte qu'il eût la capacité d'annoncer à chacun, la veille, le rôle qu'il devait jouer le lendemain.

Un matin, après la prière, il vint à moi m'informer que le lendemain était mon tour de dire l'exhortation à la prière du matin, et il m'en dicta le passage. Je l'en remerciai et m'an allai à ma cellule, me précipitant de prendre connaissance de ce passage biblique dont, malheureusement, je n'ai plus souvenir aujourd'hui.

Dès la première lecture, je réalisai que je ne comprenais rien de son contenu. Je me dis alors que peut-être une deuxième lecture dans le calme m'en apprendrait quelque chose. Je ressortis de ma cellule pour vaquer à mes occupations de la journée puis, avant la sieste, pendant la récitation de l'office du milieu du jour, je pris encore un peu de temps à la relecture du passage, sans rien piger. A partir de ce moment, la peur égratignait mon cœur ; *« qu'adviendrait-il si jusqu'au lendemain je n'arrivais pas à saisir le sens de ce texte ? »* Je décidai alors de m'en remettre aux mains du Seigneur. Et à l'office du soir, et aux complies avant de me coucher, je n'ai eu de cesse à supplier Dieu de m'aider à comprendre le contenu de ce texte, jusqu'à mon réveil le matin, aux laudes ..., rien, je n'y comprenais rien. Je m'adressai alors au Seigneur, lui disant :

« Seigneur, mon Dieu, quelle honte pour celui que tu as choisi, le tirant du néant pour le mettre au-devant de tes pauvres enfants, (afin qu'il soit la lumière qui éclaire le chemin qui les conduit vers Toi ? Quelle honte, mon Dieu, lorsque je me pointerai devant eux, pour présenter des excuses et leur dire mon incapacité à commenter et expliquer ce passage ? Malheur à moi, Seigneur, qui ai accepté d'assumer devant Toi une telle responsabilité sans en avoir préalablement envisagé tous les contours... Cependant, me voici maintenant devant Toi, Seigneur, comme autrefois ton serviteur Jérémie qui te disait : 'Ah, Seigneur Yahvé ! Tu vois que je ne sais pas parler, je ne suis qu'un enfant.' Viens, Seigneur, fortifie-moi par ton Esprit Saint et viens toi-même parler à tes enfants ...»

La clochette sonna et je rejoignis les frères dans la chapelle. C'est Evariste qui conduisait la prière. Après toutes les étapes introductives, il fit appel à moi au moment de l'exhortation. Généralement, lorsque j'étais appelé à prendre la parole soit pour une exhortation, soit pour la conduite d'une prière et même pour chanter, la communauté se tenait vivement en éveil pour suivre avec la plus grande attention. Il en fut de même ce jour-là. Ils étaient là, yeux et oreilles tournés vers moi, attendant avec soif les paroles qui sortiraient de ma bouche. Et après la proclamation de la Parole, je me mis à parler. Pendant une bonne trentaine de minutes, je parlai, sans aucune conviction de ce que je disais, jusqu'à la fin.

Après la prière, je retournai à ma cellule et au milieu de la journée, j'eus ma sieste comme d'habitude.

A mon réveil, je trouvai mon voisin, Ramsès, assis sur un banc à côté de ma porte, avec deux autres frères de notre communauté de prière. A ma vue, les deux frères se séparèrent de Ramsès en nous disant au revoir et je m'assis après eux, à côté de Ramsès qui me posa immédiatement cette question :

- Sais-tu, frère, ce que ces deux gars sont venus me dire ?
- Comment le pourrais-je ? rétorquai-je. Je n'étais pas avec vous !

Alors, il continua :

- Ces frères m'ont demandé de qui tu reçois les enseignements que tu nous donnes à la chapelle. D'après eux, ils sont convaincus qu'il doit y avoir un prêtre de la ville qui t'envoie quotidiennement des enseignements car ils ne peuvent pas croire qu'un laïc puisse transmettre l'évangile d'une telle manière. Ils ont commenté ton exhortation de ce matin avec plusieurs autres frères et tous disent qu'ils avaient l'impression que c'est Dieu qui parlait personnellement à chacun d'eux.

Je lui dis alors :

- Si pourtant ils me demandaient maintenant de leur reprendre ce que j'ai dit ce matin, je n'en serais même pas capable.

Le deuxième tableau, c'est quand en dormant une nuit, je rêvai que des gens avaient creusé un puits près de la sortie de la prison, dans lequel ils me jetèrent, sens debout, et se mirent à le recouvrir de la terre, avec moi dedans. La terre montait vers la hauteur, jusqu'à atteindre mes épaules, pendant que je criais désespérément au secours. A quelques pas de là se tenait un autre détenu, Marcel, avec, tout drôlement, son épouse, qui semblaient être tous deux en prière. Soudain, surgissant de là où ils étaient, Marcel courut vers le puits et, appelant sa femme à l'aide, ils me tirèrent de là, pendant que mes bourreaux disparaissaient dans la nature.

Angoissé par la scène, je sursautai de mon sommeil avant de me rendormir de nouveau.

Peu de temps après, la même nuit, j'eus un autre songe. Je me tenais avec quelques autres amis devant la porte de ma cellule, parlant d'un sujet dont je n'ai plus souvenir quand, en tournant mon regard vers la même porte de sortie de la prison, je vis un homme blanc assis sur une grosse pierre à quelques mètres de la grille, au même endroit où on m'avait jeté en puits. Je m'adressai à mes compagnons en pointant l'homme en question : « Voilà un homme blanc ! » Un peu comme pour leur demander – *que fait-il ici ?* Je m'éloignai ensuite du groupe en m'avançant vers l'homme. Il était en tenue militaire relaxe, semblable à celle de la force terrestre française ; culotte et chemise en manches courtes de couleur kaki clair, bardée de médailles à la poitrine. Je m'approchai de lui et demandai en anglais – *are you with us ?* (Es-tu avec nous ?) Dans mon entendement, je voulais plutôt savoir s'il était aussi en détention comme nous, à cet endroit. Il répondit :

- *Yes, of course.* (Oui, bien sûr !)

Puis, il se leva, se dirigea vers la sortie et disparut de ma vue, avant même d'atteindre la grille.

Le troisième tableau part aussi d'un autre songe une autre nuit où, me tenant seul dans un pré, je vis planer loin au-dessus de ma tête trois grosses bottes de pailles sèches emportées par le vent. La force du vent délia les cordes de toutes les bottes et fit entremêler les pailles entre elles, de sorte que les trois bottes ne formaient plus qu'un tas de pailles éparpillées dans l'air. Puis, du tas sortit une branchette d'arbre fraiche portant des feuilles encore vertes. Celle-ci s'écarta du lot, et certainement à cause de son poids, plongeait plus droit vers le bas. Je me retrouvai ensuite au bord d'un ruisseau, assis à l'ombre d'un arbre et, le regard tourné vers l'eau, je vis tomber puis couler la branchette, légèrement en amont de l'endroit où je me trouvais. Parvenue jusqu'à moi, je la recueillis et la contemplais entre mes mains.

--------- O ---------

Enfin, il y a ce fait. Pendant plus d'une dizaine d'années avant mon arrestation, mon assiduité à l'église m'avait rendu attentif à tous les événements du calendrier pastoral. En mars 1998, j'étais donc en plein dans les activités prévues et par ma paroisse et par ma communauté de prière dans le cadre de la période pré-pascale des temps de carême. Et à la date exacte du jeudi 12 mars 1998, jour de mon arrestation, nous étions dans la deuxième semaine des temps de carême. Coïncidence mystique ! Lorsque je sors de prison le 24 mars 2000, nous sommes au vendredi de la deuxième semaine des mêmes temps de carême.

Même si, par honnêteté, je n'oserais me permettre d'interpréter à haute voix les songes et faits formant les trois premiers tableaux de cet épilogue, quoique des faits dans ma vie d'aujourd'hui m'en traduisent clairement le sens et la pertinence, j'aimerais avouer ici avec confiance qu'à travers cette coïncidence, le Seigneur a tenu à me rappeler une chose essentielle: *ses pensées ne sont pas mes pensées* (Isaïe 55,8); et *qu'un seul jour du Seigneur vaut mille ans et mille ans ne sont pour lui qu'un seul* (2 Pierre 3,8).

J'ai donc pris conscience de cette réalité dès le jour même de ma libération. Par la grâce de Dieu, la vie de ma communauté de prière en prison était finalement rythmée aussi par les saisons du calendrier pastoral catholique. Et au moment précis de ma sortie de prison, je me rendis compte que, bien que pour les hommes je venais d'accomplir exactement deux ans de captivité, pour Dieu, Mon Père et Maître de mon existence, je n'y suis resté qu'un jeudi, ... et un vendredi, c'est-à-dire, uniquement deux jours.

Table des matières

Titres   **Pages**

Préface   02
Dédicace   05
Intermède méditative   06

Titre 1
« Ô abîme de la richesse, de la sagesse et de la science de Dieu !
Que ses décrets sont insondables et ses voies incompréhensibles !»
(Romains 11, 33)   07

Titre 2
« Le Seigneur Fit pour Moi des Merveilles,
Saint est Son Nom ! » (Luc 1, 49)   19

Titre 3
« Apres cela, je répandrai mon Esprit sur toute chair ;
Vos fils et vos filles prophétiseront, Vos anciens auront des songes,
Et vos jeunes gens des visions. » (Joël 3, 1)   33

Titre 4
« Pourquoi as-tu douté ? » (Matthieu 14,31)   41

Titre 5
« C'est pourquoi je vous dis : Tout ce que vous demandez en priant,
Croyez que vous l'avez reçu, Et cela vous sera accordé. » (Marc 11, 24)   54

Titre 6
« Et le même jour il donna un signe en disant :
Voici le signe (du fait) que l'Eternel a parlé... » (1 Rois 13, 3)   61

Titres	Pages
Titre 7 « Ceux qui sèment dans les larmes, Moissonnent dans la joie. » (Psaume 126, 5)	69
Titre 8 « Pourquoi leur parles-tu sous forme de parabole ? » (Matthieu 13, 10b)	75
Table des matières	81

Oui, je veux morebooks!

i want morebooks!

Buy your books fast and straightforward online - at one of world's fastest growing online book stores! Environmentally sound due to Print-on-Demand technologies.

Buy your books online at
www.get-morebooks.com

Achetez vos livres en ligne, vite et bien, sur l'une des librairies en ligne les plus performantes au monde!
En protégeant nos ressources et notre environnement grâce à l'impression à la demande.

La librairie en ligne pour acheter plus vite
www.morebooks.fr

VDM Verlagsservicegesellschaft mbH
Heinrich-Böcking-Str. 6-8   Telefon: +49 681 3720 174   info@vdm-vsg.de
D - 66121 Saarbrücken   Telefax: +49 681 3720 1749   www.vdm-vsg.de

www.ingramcontent.com/pod-product-compliance
Lightning Source LLC
Chambersburg PA
CBHW021813220426
43662CB00006B/296